2023 中国人身保险产品研究报告

北京爱选信息科技有限公司
北京大学数学科学学院金融数学系
中国财富网
中国财富研究院
·著·

新 华 出 版 社

图书在版编目（CIP）数据

2023 中国人身保险产品研究报告 / 北京爱选信息科技有限公司等著 . -- 北京：新华出版社，2023.12
ISBN 978-7-5166-7277-8

Ⅰ. ① 2… Ⅱ. ①北… Ⅲ. ①人身保险—研究报告—中国—2023 Ⅳ. ① F842.62

中国国家版本馆 CIP 数据核字（2023）第 253739 号

2023 中国人身保险产品研究报告

作　　者：北京爱选信息科技有限公司等

责任编辑：田丽丽　　　　责任校对：刘保利

出版发行：新华出版社
地　　址：北京石景山区京原路 8 号　　　　邮　　编：100040
网　　址：http: //www.xinhuapub.com
经　　销：新华书店、新华出版社天猫旗舰店、京东旗舰店及各大网店
购书热线：010-63077122　　　　中国新闻书店购书热线：010-63072012

照　　排：华兴嘉誉
印　　刷：三河市君旺印务有限公司

成品尺寸：170mm × 240mm
印　　张：17.75　　　　字　　数：194 千字
版　　次：2023 年 12 月第一版　　　　印　　次：2023 年 12 月第一次印刷

书　　号：ISBN 978-7-5166-7277-8
定　　价：48.00 元

序　一

《2023中国人身保险产品研究报告》的出版已是系列报告第六年与各位读者如期相会，这源于报告研究团队自2018年起的笔耕不辍，忠实地见证和记录了我国人身保险市场的发展和产品更迭。正是此种持之以恒的态度与笃实求真的精神使得系列报告得到了来自产、学、研、消等多方面的广泛支持与热切关注。

2022年是党和国家历史上极为重要的一年，面临超预期因素冲击，我国经济实现平稳运行，发展质量稳步提升。2022年也是保险业转型发展的关键之年，在保费增长承压的情况下保持改革定力，调结构、稳规模、提质量以保证行业平稳运行、稳妥有序化解风险。作为金融业的重要组成部分，保险业以服务实体经济为出发点和落脚点，以风险管理为主线、以资金融通为手段、以经济补偿为兜底，在为实体经济高质量发展提供风险保障的同时，也显著增强了保险业自身的综合实力。

2022年末，保险业总资产达27.15万亿元，位居世界第二，同比增长超过9%，资金运用余额超过25万亿元，全年实现原保险保费收入接近4.7万亿元，赔付支出超过1.5万亿元，主要指标保持在合理区间，行业整体偿付能力充足。作为推动社会发展的稳定器，保险业紧紧围绕服务国家重大战略，在服务实体经济和增进民生福祉方面持续展现专业能力，发挥保险在风险保障与三次分配方面的机制优势，助力实现全体人民共同富裕的奋斗目标。回顾过去一年，人身保险行业在规范发展第三支柱养老保险、推动个人养老金发展、提升商业健康险保障水平、满足多层次健康保障需求等方面交出了较为令人满意的答卷，在解决养老、健康等人民群众“急难愁盼”的关键问题上发挥了重要作用，但仍存在着诸如商业养老险缺乏与同类金融产品的差异化竞争优势、商业健康险的供需错配及经营能力不足等诸多问题应在未来的行业转型升级中积极探索与转变。

2023年是全面贯彻落实党的二十大精神的开局之年，是实施“十四五”规划承上启下的关键一年。从一季度的经济数据来看，生产需求企稳回升，就业物价总体平稳，居民收入持续增加，市场预期明显改善，经济运行开局良好，这为保险业恢复增长奠定了较好的宏观基础，民众消费需求释放及长期信心增长或会推动行业重启上行。与此同时，行业结构优化成效初显、代理人渠道改革深化、市场利率普遍下行、全产业数字化快速推进，这些因素使得保险业机遇与挑战并存，传统的应对思路与发展模式亟待革新。下一步，行业发展的当务之急是加快保险数字化转型，促进数字技术在保险业的应用，激活传统数据潜能，依托数据要素化推动保险管理迭代升级。除去模式转型外，产品仍然是保险业的重中之重，应将产品发展的工作重点着力于结构调整与实质创新优化，提升保障型产品渠道占比，注重保险产品的长期保障功能，突出风险保障的主业，开展多维度的产品创新，将风险经营落到实处，聚焦老年人、非标体、带病体等特殊人群的风险保障，更好发挥对风险的专业经营能力，促进行业高质量发展。

系列报告则刚好为行业的产品研究与分析贡献了坚实的数据支撑与独特的观察视角，能够为行业在产品端的发展与转型提供参考。

总体来看，系列报告具有如下特点。

一、兼具截面研究与趋势分析。一方面，系列报告每年会对市场六大类主流产品的相关指标数据进行更新，清晰展现当年主流产品的整体情况与责任细节；另一方面，连续六年的持续性追踪从时间维度展示了行业主流产品的变化，为趋势分析提供了较好基础。

二、坚持客观与专业的有机统一。系列报告研究基于爱选科技庞大的人身保险产品数据库，这是一项极其重要的基础建设性工作，源于研究团队对每一款人身保险产品各项内容的标准化、系统化、精确化处理，使得系列报告得以真实呈现和反映产品客观情况。同时，研究团队每年都坚持对当年热点及新兴话题展开专题研究，结合市场情况提供专业性展望，为行业发展贡献独立思考和建设性意见，在观点的交流与碰撞中探索出一条中国式现代化保险发展之路。

三、守正创新、勇毅向前。系列报告研究团队始终立足于服务行业高质量发展，坚守做行业忠实见证者和秉持初心的记录人，在此基础之上系列报告仍在追求“踏实的创新”，栉风沐雨，砥砺前行。诚然，行业亦如此，坚定践行“保险姓保”理念，重视偿付能力监管，牢牢守住不发生系统性金融风险的底线，稳中求进、稳中求新，以科技创新推动保险产品和服务的创新，精准聚焦实体经济和民生需求，促进保险市场健康可持续发展。

六年的持续研究是报告团队对行业广阔前景的守望，亦体现了助力行业变革创新的决心，而这一份希冀与信念为每一位从业者所共鸣。衷心希望系列报告能够被行业更为广泛地传播与熟知，其中的一些观点能够引起行业关注、讨论与思考。保险业不仅是“朝阳行业”，更是面向未来、经营未来的行业，应坚守政治性、体现人民性、提升专业性，更好服务中国式现代化。我们唯有踔厉奋发、笃行不怠，方能不负历史、不负时代、不负人民。

周延礼

全国政协委员、中国保监会原副主席

序 二

2022年是注定不平凡的一年，伴随我们多年的新冠疫情在这一年的年底结束，经济和民生都经历了很多考验。我国政府在积极抗疫的同时出台了一系列促进经济恢复的政策，民生方面不断按照规划推进社会保障相关的养老保险第二、三支柱的制度，制度先行必然带来行业和社会的持续性作用和发酵。

《2023中国人身保险产品研究报告》（以下简称《报告》）是系列报告的第六本，也是我连续第五次参与这项基础性研究工作，非常高兴看到大家的努力付梓成书，也很欣慰众多志同道合者的这份长期坚持。《报告》系列对市场上的人身保险产品进行定期梳理并系统分析，从长期的教学科研和精算实践经验看，我认为这是连接学界和业界的一个很好的桥梁。于学界而言，通过《报告》可以更全面和充分的了解现实保险市场，使得教学和研究工作与我国的保险现实紧密结合、与时俱进。于业界而言，《报告》有利于加深保险从业人员对市场的了解与把握，推动保险业高质量发展。

在过去几年里，人身保险行业经历了快速发展和变革。低利率环境、经济下行压力以及消费者需求的演变都对该行业产生了重要且深远的影响。为了适应大环境的变化，保险公司不断创新产品、优化服务，以提供更加个性化和多元化的保险解决方案。同时，数字化技术的广泛应用也加速了人身保险行业的转型，数字化转型对保险业实现高质量发展具有重要意义，对服务实体经济的能力和水平的提高、防范化解金融风险具有重要作用。爱选科技长期致力于将精算和人工智能技术在保险业的生产、销售和风控环节实现落地的应用，其长期坚持开发维护的人身保险产品库既是科技与保险的融合成果，也是开展基础研究的重要支撑。

《报告》系列的数据均来源于爱选人身保险产品库。爱选人身保险产品库由精算专业人员实时维护、扩充及优化，现已涵盖近万款产品，涉及多类产品险种。产品库结合风险管理、精算等各方面的专业成果，通过严谨的产品责任拆分原则对保险产品进行基本处理及统计分析研究，为《报告》系列奠定了扎实的数据基础。2023 年《报告》在往年的成熟框架下进一步丰富完善，包含总报告、分报告及专题报告三个部分，其中分报告对 2022 年各类保险产品进行数据统计分析，覆盖定寿、终寿、重疾、年金、万能、中端医疗六类人身保险险种，从微观的保险责任、产品价格等维度揭示 2022 年中国人身保险产品变革及市场发展状况。

在 2022 年出版的《2022 中国人身保险产品研究报告》专题报告部分，北京大学数学科学学院金融数学系的研究团队对商业养老保险需求展开初步性研究。2023 年，我们继续深入探索围绕我国商业养老保险需求的具体研究。报告首先针对最新的养老保险政策分析其对个人商业养老金融服务的作用和影响，说明制度建设对商业养老的促进作用；然后，从各个年龄段的潜在客户对商业养老保险的微观效用分析的视角，通过逻辑分析和实证研究说明商业养老保险对不同年龄的投保人的价值。最后，对目前我国金融领域提供的养老产品从与实际需求匹配的角度进行可行性分析，具体分析领取期的商业养老保险的需求敏感性。探索从产品端视角进行商业养老保险需求研究的可能性和关注的重点，为围绕养老保险金融服务的深入理论研究和实证分析提供基础和建议。

二十届中央财经委员会第一次会议强调，要实施积极应对人口老龄化的国家战略，推进基本养老服务体系建设，大力发展银发经济，加快发展多层次、多支柱养老保险体系。目前，我国已出台多项政策，加快以个人储蓄性养老保险和商业养老保险为主的养老“第三支柱”建设。各类金融机构也在养老领域积极发力，创新产品和服务，以更高质量的供给满足不同群体多样化、差异化的养老需求。养老保险与其他金融产品相比需要体现更强的保险保障属性，为消费者提供长期稳健的养老保障，同时保险公司对养老金的投资运作也要经受住市场的长期考验。

当下，中国人身保险行业正进入深度调整期。一是“后疫情”时代的行业复苏趋势有所企稳。疫情防控平稳转段后，经济恢复是一个波浪式发展、曲折式前进的过程。我国基于人口和地域广阔的优势在经济上具有巨大的发展韧性和潜力，长期向好的基本面没有改变，消除了行业发展的最大不确定性。二是在高速增长迈向高质量发展的行业转型中，人身保险迫切需要产品、模式、渠道、营销的全方位创新。近年来保险公司在加快以客户为中心体系的建设，加大在保险科技和数字化转型方面的投入，并发力拓展销售渠道，为人身保险的稳健发展积蓄了潜力。三是监管层陆续推出的多项制度旨在统筹“引导规范”与“鼓励创新”，推进人身保险产品更好地回归保障本源。在瞬息万变的环境里，唯有“守正”才能更好地“创新”，从而促进人身保险行业的行稳致远。产品维度的创新发展建立在与上述内外部环境相得益彰的深度共生基础上。只有对人身保险产品的发展历程、产品迭代、形态变化进行系统整理和思考，才能更好地把握未来的创新方向。《报告》是一项打基础、利长远的长期工程，衷心希望从业者、研究者能够从中得到有益启发，共同助力行业在理论研究、实践探索、转型发展等方面取得新突破。

北京大学数学科学学院金融数学系主任、教授

序　三

《2023 中国人身保险产品研究报告》已是产品研究报告系列的第六本。在写本篇序言的时候，内心所欲表达的情感之多颇有些无从下笔。怎么能事无巨细且毫不做作把这一切都化为文字？权且通过本篇序言，和大家以本字的形式做个交流。

六年产品研究报告陪伴我们一路走来，见证了项目组的成长、积累和成果的沉淀。报告撰写已经成为每年例行的工作，或许看起来已经轻车熟路，然而背后的付出却是项目团队不断地收集市场产品信息、学习拆解、整理归档的持久积累。正是在这样的基础之上，爱选已然成为最懂寿险产品的公司之一，团队成员俨然成为了行走的产品百科全书。在这个过程中，团队成员们的成长是极为快速的，实习生从产品小白蜕变为产品专家，新员工从资料搜集者成为项目负责人，老员工在逐渐发展中独立展翅高飞。接力棒一代一代传承，每一位参与者都从中汲取成长的力量，也为报告注入了新的生命力。站在书架前，看着 2018 年到 2022 年的五本成书和 2023 年的一本样书，直观感受到这是一场代代升级优化的过程，向所有参与这项工作的伙伴们致以崇高的敬意。秉持着《道德经》中无为而治的思想，愿这个产品研究报告系列能够如同活水般，在新思想的涌现中自然而然地演进和进步。

六年产品研究报告记录和见证了中国寿险市场产品变化的点点滴滴，清晰记录了增额终身寿险从默默无闻成为主流产品；重疾险在市场火热时飞速迭代，重疾数目快速上涨，到如今成为趋近饱和的存量市场；定期寿险的价格逐渐探底，条款不断简化、优化；年金保险从鲜见长寿养老责任，到专属养老年金的政策推动；走入低谷的万能险结算利率的逐渐走低，是不是会迎来第二春？进化最快的百万医疗险，保险利益和三方服务的不断增加，覆盖人群的不断扩展。每一个产品的变迁都值得写一篇专题。而今年，正逢寿险产品定价利率下调，我们将过去 20 年新型产品的历史整理成专题报告《新型人身保险产品发展趋势分析》，放入了报告中。

六年来，报告的结构保持相对稳定，然而其中必然存在一些不足之处。每一次出版后，总有热心的读者提出宝贵意见，比如我们的核心部分——分报告，虽然已经相当模块化，但读者认为有些市场热点尚未得到充分关注。实际上，这一部分主要是通过机器生成并经过人工校验的。从最初关注的定寿、终寿、重疾、年金、万能、中端医疗这六类险种，到如今已经几年未曾改变。然而市场却不断变化，新的产品分类涌现，尽管有些新分类由于产品数量有限且尚未归类，但我们也看到市场中有许多机构对于热门保险（如惠民保等）做了详细分析，为我们提供了宝贵启示。因此，我们依旧保持了独特的模式，延续了对产品形态的对比和统计。同时，2023 年在专题报告三的“2022 年特色人身保险产品及服务”中，我们按时间维度回顾了热点规定和热门产品，对特色产品进行了点评，希望填补我们未涉及的领域。

六年来，报告团队似铁打的营盘，流水的兵，不断有老朋友的支持和新朋友的加入，在此感谢每一位为报告能够顺利出版提供帮助和建议的战友们，感谢 2023 年项目组的每一位成员：

感谢北京大学数学科学学院金融数学系吴岚教授，百忙之中多次指导，并撰写系列养老的专题报告。同时感谢周思远和朱妍博两位同学在这份专题报告中提供的计算支持。

感谢付振平、张佳、王璐璐、赵紫超、张靖翎、谭梅、王越、谌子欣对“专题报告 ·”的撰写支持，从产品维度综述了符合 ESG 理念的人身保险创新方向，有利于 ESG 理念普及的同时也有助于帮助寿险行业寻找新的增长点。

感谢北京爱选信息科技有限公司项目负责人杨寅斌、郑宇西带领整个团队完成报告各项相关工作，并为报告的成功出版做出了巨大努力。特别感谢张雪彤、林诺、卢怡杉、杨青青以及爱选科技保险研究部全体实习生在产品资料搜集、整理、调研等方面的默默付出。

六年来，我们一路前行，感谢旧友新朋，有你们的支持和协助，使得这份报告能够成功出版。感谢每一位热心读者，你们的支持和关注是我们继续撰写的动力，也希望以后每年都和大家一起记录和分享中国人身保险产品的发展历史。

爱选科技联合创始人

引　言

保险业是经营风险的行业，值此百年未有之大变局，其稳定社会经济、保障民生福祉的重要性日益凸显。2022年，新冠疫情多轮反复所造成的不确定性及对实体经济的冲击给我国保险业发展带来了极大挑战，加之行业正处于高质量发展调整深水期，各公司在稳住保费规模、保住偿付能力等方面均承担了不少压力。随着我国疫情防控平稳转段，经济循环和居民收入、消费等均出现积极好转，保险业的复苏形势也较为向好，行业拥有了更多契机去实现转型、穿越周期。

当前，随着老龄化进程加深、慢病年轻化趋势凸显、市场不确定性提升，加之疫情所带来的深刻影响，我国民众的保险意识与保险需求空前旺盛，但反观我国人身保险市场表现却差强人意，其原因在于供给侧，产品作为行业与消费者间的价值交换，这是需要关注的诸多内生性问题的核心。

报告团队始终坚守于产品研究，力求以专业、客观、清晰的视角，将保险产品结构化、标准化、简明化解析，穿透式分析发展过程中的产品趋势及问题，这一项工作对于供需双方都极为重要。对于消费者而言，保险产品种类繁多、条款晦涩难懂、责任纷繁复杂是谈及已久的问题，理解难度和选择成本的增加使得部分潜在消费者望而却步，而将保险产品进行解读和梳理则有利于改善供需错配矛盾，促进消费者对于保险产品的理解和购买；对于行业而言，我们始终行走在产品开发、营销、服务的路上，随着时间推移，产品保障不断丰富，创新空间不断挤压，因而需要对于产品进行分析与研究，通过纵向的时间沉淀与横向的同业观察，去寻找行业发展契机，并赋能产品真实创新。基于上述考虑，团队连续六年推出“中国人身保险产品研究报告”系列，希望通过专业角度的保险拆解、市场分析和趋势研判，为消费者选择及业界发展提供些许帮助和思考。

《2023中国人身保险产品研究报告》基于专业精算人员开发并不断维护和完善的爱选人身保险产品数据库，通过统计分析、风险计量建模等研究方法，对我国保险市场中报备于2022年的主要人身保险产品从产品责任设计、条款内容及产品费率等维度进行深入地对比研究。与2022年的报告相比，2023年度报告在延续总报告、分报告及专题报告整体框架的基础上，寻求创新，积极突破：一方面，总报告从宏观层面对2000年至2022年的市场发展进行了趋势性总结，并致力于积极帮助行业在新常态下寻求破局之道，以五大主题综合观察了当前人身保险市场问题及调整方向；另一方面，专题报告对ESG理念下的人身险创新、商业养老保险需求、2022年特色人身保险产品、新型人身保险发展趋势进行了深入研究，尤其是第三篇专题报告对于包括疫情险（含隔离险）、个人养老金、体检升级老年医疗险、非标体保险、互动式保单等在内的十大类2022年有特色的人身保险产品进行了分专题的研讨。对保险市场的广大参与者而言，可根据不同需求从本报告中获取参考。

目　录

总报告

一、市场综述

“价值转型”“质量发展”是2022年保险业喊得最多的口号，如何穿越周期是一个长期课题。面临百年未有之大变局，地区冲突加重、世界经济下行、疫情的阶段性影响，许多事由万变中谋不变，调整与分化成为了当前及今后一段时间内行业面临的既定格局。

2022年，人身保险业务实现原保险保费收入34245亿元，同比增长3.06%，原保险保费赔付支出7728亿元，同比下降2.44%。纵观近20余年，人身保险行业的年保费收入已由2000年的不到1000亿元增长至2022年的几近突破35000亿元关口，2022年的保险行业总资产已达271467亿元，增长近80倍，中国已然站稳全球第二大保险市场的脚跟。然而，自2016年起经历了多年增长的人身保险保费收入增速开始下滑，疫情期间的保费收入增速几乎为零，赔付支出则持续增高，直至2022年末保费收入增速才反超赔付支出增速。

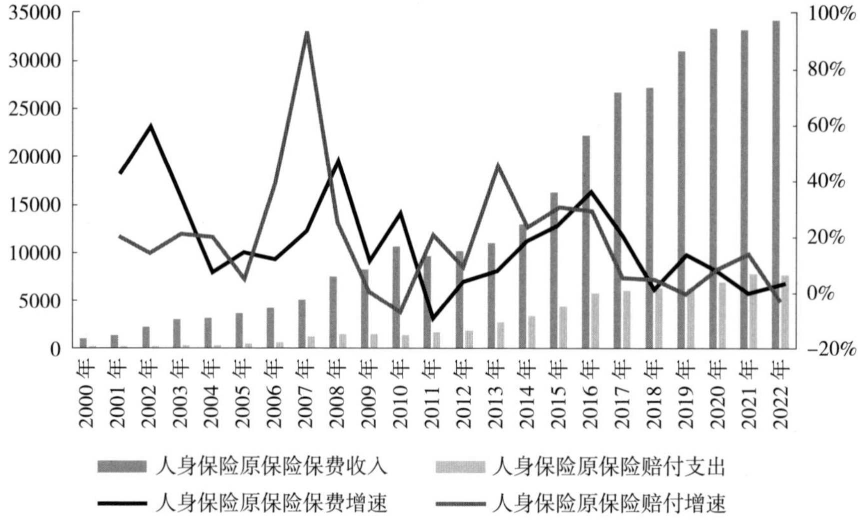

图1　2000—2022年人身保险原保险保费收入与赔付支出趋势[①]

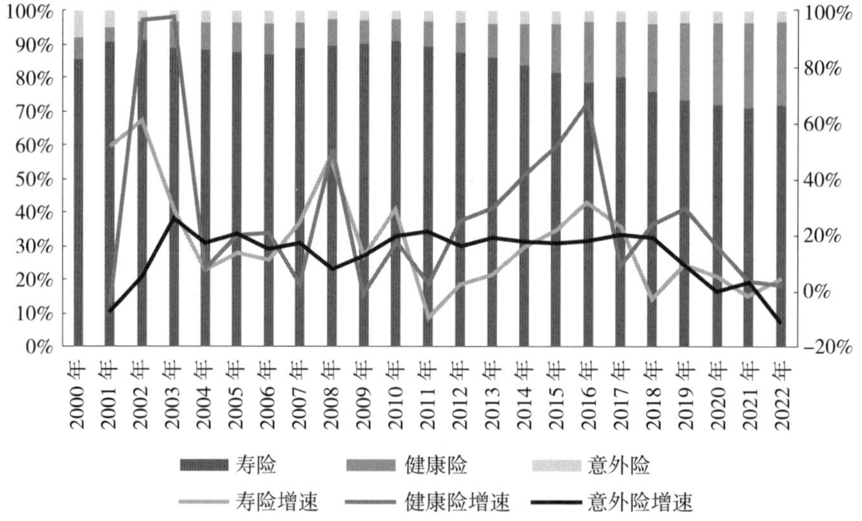

图2　2000—2022年人身保险保费收入结构及增速趋势

① 数据来源：国家金融监督管理总局，图2同。

从人身保险的保费结构来看，寿险始终占据主要比例，一度维持在人身保险保费收入的90%的水平，近年来这一情况有所改变，但寿险保费收入占比也在70%以上；健康险保费收入在人身保险中占比不断提高，并自2012年起成为了人身保险保费收入增长的主要贡献力量，但受疫情影响，自2019年起寿险、健康险、意外险增速均呈现较为明显的下滑态势。2022年，在34245亿元的人身保险保费收入中，寿险、健康险、意外险保费收入分别为24519亿元、8653亿元、1073亿元，健康险距离突破万亿保费大关仍存在一定差距。

随着行业进入转型发展阶段，既往的成型经验与成熟模式逐步被打破，任意单一业务的爆发式增长奇迹已很难复刻，加之历经多年乱象整顿，行业的强监管、严监管态势已成，国家金融监督管理总局的成立也进一步加强了监管协调，穿透式监管全面强化，金融监管由整顿转入治理。在此背景下，资本理应放弃对于规模的幻想与执着，“做大做广”已不再符合行业发展的整体基调，“做好做强”才是行业高质量发展的真实内涵。三年疫情并不能成为行业陷入发展困境的遮羞布，我们仍需积极寻找行业在新常态下的破局之道，于困境中实现有力突破、于转型中探索真实创新，观察市场、分析问题、总结经验、砥砺向前。

（一）从“规模至上”到“价值经营”的转型

2018年及以前，我国保险业对于“规模”的崇拜从未停歇，其间虽历经20世纪90年代末的低利率冲击、2008年美国金融危机等事件，但资本逐利的决心分毫未减，规模依然是绝大部分险企的战略核心。2018

年，“宝万之争”进行到尾声，安邦保险集团股份有限公司被接管，原有的资产驱动负债的发展模式走向尽头，新业务价值出现大幅下滑，多家保司利润腰斩，“规模为王”的市场逻辑被彻底证伪。在这一时间节点，银保监会组建成立，监管强化趋严，开启了新的一系列乱象整治工作，引导行业从规模扩张转向质量提升。

然而，长期以来野蛮生长、过度发展的隐患需要更长时间才能得以根除，既往在规模上的过重负荷已然压垮了行业发展道路，逐步形成了一个斜坡，加之追逐规模的思路仍在不时反噬，犹如千钧之石拖着一部分公司在愈加陡峭的斜坡上不断下坠。

怅然之余，更为令人喟叹的是，行业在短时间内并未找到继“规模”之后再次统一锚定的目标，各公司的策略和道路加速分化。大中型保司或渠道头部公司加剧对存量市场竞争的同时试图建立创新型市场壁垒，而区域性保司则深耕地方特色业务或加快互联网渠道布局。过去几年，行业在质量发展上有所提升，但基本集中于少数公司，由此导致了行业分化进一步加剧，马太效应显著。

2022 年，行业已是在陡坡边舞蹈。部分基于长期主义稳健经营的公司未受洪流冲击，反而继续向上攀登；另一部分公司历经改革阵痛，依赖曾经打下的规模在陡坡上“硬挺”；其余公司则受到曾经激进策略的影响，在业绩显著缩水与偿付能力严重吃紧的双重压力下于深渊边缘挣扎。面对挑战，积极调整，寻找转型道路是行业在传统的路径和方法失灵的背景下的必然选择，共克时艰的希冀仍在，各公司只是迫切需要一个新的答案，而这便是“价值”。

在不确定性因素不断加剧的背景下，信用、稳定、可持续成为了我国民众关注的重点，这使得高信用型公司在本轮调整中脱颖而出，基于长期价值、固守稳健经营的特点获得了更多消费者的青睐。重视价值经营、提高业务质量使得此类公司拥有了更多穿越周期的底气，这不仅为自身和股东贡献了更多价值，其较好的投资回报、丰富的产品体系、专业的全周期服务反哺保险消费者以价值，从而实现了资产和负债端的平衡，亦达成了公司既定的规模目标。

由此，“价值”与“规模”并非此消彼长的绝对对立，在稳增长、保利润以实现高质量发展的大背景下，价值反而成为了规模的支撑力，对行业发展的陡坡予以修复。不仅如此，“价值经营”还可以转变过去“规模至上”的单一性思维，使得各公司根据自身发展情况制定适配的发展目标，在行业分化不断加剧的当下或可再次诞生又一批具有可复制性的新发展模式。整体来看，保险业未来依旧充满机遇，会从简单统一的业务模式向更多元、更精细、成本更合理的多种业务模式转变，在未来三至五年的转型中，或会有更多企业离开行业，但定会有更多新型企业成长发展。

（二）个险持续下滑，银保经代高速增长

渠道发展是保险业的头等大事，其如同各公司的咽喉，一度形成了“成也渠道，败也渠道”的重要局面，营销体制改革也是被呼吁多年的焦点话题，近年来各公司纷纷开展渠道转型，监管部门也针对个险、银保、经代、互联网等多渠道出台政策文件引导规范发展。

自 1992 年个险代理人制度被引入境内后，为了契合“规模为王”的

核心策略，各司纷纷在个险渠道采取“人海战术”，加之国有企业市场化改革、代理人资格考试取消等多重因素影响，我国个险代理人于2019年一度冲到912万人的规模，但野蛮生长所带来的人力虚增、自保件与互保件畸形、流动率过高、素质与能力堪忧等多重问题也为行业日后的“流血”改革埋下伏笔。事实上，早在2010年，银监会和保监会就关注到相关问题，倡导建立高素质、职业化的营销员机制，加之后续银保渠道的萎靡，个险代理人渠道迎来了第一波的重视与整顿，而尽管后来行业意识到个险代理人渠道已经到了刀刃向内的紧要时刻，也再难挡住新业务价值快速下滑和个险人力飙升的背向困境，直至彻底陷入泥潭，各司才鼓起完全的勇气开展个险渠道的由量转质的改革，注重提高有效人力和人均产能，培养高素质的个险代理人团队，提升其专业能力和服务水平。直至2022年，个险渠道仍有586.53万代理人，而这是否是“底”还尚未可知，个险渠道作为各保司最为可控的渠道，应当找准自身定位，更多为公司贡献价值，成为各渠道中的中流砥柱。

银行保险渠道是保险公司的又一传统渠道，把握了大量的高净值客户，但其在野蛮生长时期很难厘清保司银保专员与银行网点的关系，原银监会与原保监会于2011年联合发文予以规范加之当时央行加息上调利率，使得保险产品收益的吸引力降低，银保渠道一度走向萎靡。2016年至2019年，监管部门发布了一系列政策规范银保渠道原有的中短期高利率产品，鼓励引导银保渠道向中长期储蓄型产品发展，并完成利率从4.025%向3.5%的转型，加之个险渠道发展陷入瓶颈，各家保司将更多资源投向银保渠道，迎来了转向价值驱动的“新银保”时期，此后增额终身寿险迅速引爆银保渠道，成为了新的保费增长主要贡献力量，亦符合各司注重期交为主的业务策略，银保渠道的价值重获重视。中国是世界范围内民众最重视储蓄的国家，以储蓄型产品为绝对主力的银保渠道理应保险公司稳定保费大盘的核心之一，然而其也存在着与银行间争夺客户资源的问题，民众对于银行的信任程度仍远高于保险公司，为了换取此部分客户资源，保司不得不支付高昂的手续费，但若除了刚性兑付外，保险产品难以在与其他金融产品竞争中具备脱颖而出的优势，因此对于保险公司而言得不偿失。

专业中介渠道扩宽了保险公司的销售路径，提供了一种“产销分离”的新思路，中介机构凭借其专业的客户经营和服务能力赢得了众多保司青睐，但与之相应的就是保司需付出高昂佣金以让渡利润。2022年，《人身保险销售行为管理办法（征求意见稿）》的出台打破了这一局面，其明确提出险企向中介机构支付的佣金率要以附加费用率为上限，对专业中介与个险代理人一视同仁，并要求佣金真实列支，不得以其他方式另行支付业务推动费用，由此或可能造成中介渠道产品定价高企，降低保司对于中介渠道高度依赖的热情。MGA（管理型保险专业中介机构）则是2022年的另一火热话题，包括北京、深圳等在内的多地银保监局制定相应方案引导MGA发展，其出现能够分担一部分险企的管理职能，研发定制化产品以更好适配市场需求，是国外保险市场较为成熟的发展模式，但其仍需注重“转委托”等风险的管控，确保保险公司对于中介渠道的有效管理。

互联网渠道始终是近年来监管重点整治的领域，其无疑是野蛮生长时代中最为放肆的存在，“首月0元”问题对于行业带来的影响恐需消化数年，也为保险行业在民众中的形象雪上加霜。而互联网渠道的肆意发展也同样是行业盲目追逐规模所导致的弊病，各公司支付大量的推广费用给到流量平台，以过分激进和极致的产品形态及“首月0元”的投保套路吸引了大批客户投保，而保险本身并非快消品，保险购买决策需要经过长期谨慎思考，互联网渠道中所盛行的短期健康险又缺乏犹豫期的约定，所以难以应对客户冲动消费后的销售纠纷。实际上，互联网作为一个新兴渠道，便利了保险产品的营销，也方便新世代的客户自主遴选适配自身需求的保险保障，但其发展必须以客户为中心，放弃重重套路才能获得更为广阔的市场空间。

（三）3.5%下架，新型产品或迎春天

在市场利率走低、权益类资产市场波动较大的背景下，储蓄型保险产品在众多金融及金融衍生产品中脱颖而出，尤其是定价利率3.5%的增额终身寿险以其安全稳健、保单利益锁定终身、刚性兑付的特点，成为了2022年投资者的最佳标的。2022年，增额终身寿险成为了各渠道的主销产品，部分渠道增额终身寿险的标准保费贡献占比超过95%，成为了人身保险行业全年保费的主要增长源，行业在负债端表面呈现着“欣欣向荣”的形势，但深层却隐患重重。

从资产端来看，随着经济增速放缓，行业资产端已持续承压多年，2022年受固收类资产收益下降、权益类资产收益波动明显的影响，行业再投资已面临“资产荒”。从各大上市险企的净投资收益率来看，2022年末已降至4%的水平，在此情况下支撑3.5%定价利率下的产品实属困难，

加之保险行业资产负债久期错配问题，均会给保司的稳健经营带来巨大挑战。从政策端来看，近年来监管部门始终在审慎引导行业缓步降低定价利率，2022年末以来更是信号频出，2022年11月《关于近期人身保险产品问题的通报》（人身险部函〔2022〕501号）点名激进经营的增额终身寿险，要求开展专项风险排查工作；2023年3月，原银保监会人身险部召开“引导人身保险业降低负债成本，加强行业负债质量管理”的调研座谈会；同年7月，监管部门再次进行窗口指导，要求7月31日前所有定价利率超过3%的产品停售，3.5%向3.0%转换的最后一只靴子落地，但这未必是定价利率调低的终点，若我国整体仍处于低利率环境且预期无回升空间时，预定利率仍存在进一步调低的可能性，只是需要兼顾负债端的增长压力及操之过急所带来的更大的利差损风险。此外，仍是行业部分人员利用监管信号释放所进行的“炒停售”问题，这种短视行为再次过度消耗了市场增长潜力，并给消费者错误营造了再无优质保险产品的假象，该类痼疾亟待整治。

从2023年7月末正式调整前的两次监管信号释放后的新备案产品来看，中小公司的定价利率下降幅度极为有限，依旧接近于3.5%的水平，短时间内难以承担激进策略快速转变所带来的后果；大公司的定价利率纷纷向3%靠近，涨费幅度介于5%—20%，部分公司则始终采取2.5%的定价利率但其产品依旧有较为不错的市场表现。未来，在定价利率下调的背景下，传统储蓄型产品的竞争优势锐减，加之增额终身寿险市场的提前透支，行业的规模贡献型的产品策略亟待调整，否则会像重疾险一样陷入长期疲软的状态，经过窗口指导期内的广泛讨论与实践，行业实际已寻找到一条极为熟悉的转型之路。

参考20世纪末、21世纪初，市场同处于利率下降通道中，为了谨防严重利差损风险，监管部门多次下调预定利率，随后传统保障型寿险产品陷入了较长一段时间的市场萎靡，在此背景下，1999—2000年，投资连结型、分红型、万能型的新型保险产品相继诞生，投连险和万能险的结算利率可调的属性一方面帮助险企缓解了利差损风险，另一方面其也能够帮助消费者获得一定投资收益，分红险则与公司经营稳定性挂钩，更适用于在利率下降背景下风险偏好收紧的消费者，三者一度成为了寿险保费增长的主要推动力。当前，投连险受权益类市场收益率快速下滑及前些年监管政策收紧的影响，已逐步淡出消费者视线；分红险因其对经营成果共享的属性而受到风险偏好稳定的消费者的喜爱，且2009年保险业新会计准则规定分红险保费可全部计入保费收入，万能险和投连险则仅风险保障部分保费才可计入收入，使得各家保司普遍调整产品结构，分红险成为主导产品，但IFRS17准则要求收入确认期间延长至整个保障期间且要求收入确认剔除投资成分，分红险在新准则下的保费收入锐减，或会降低以规模为主导评价标准的保司的开发动力，但不影响以价值和利润为导向的公司。2023年6—7月，各大保司纷纷上市增额率为2.5%的分红型增额终寿产品；万能险则因其具备保底收益、结算利率浮动而备受供需两端青睐，在其他金融产品收益表现较差、资管新规使得传统刚兑被打破的背景下，万能险产品具备相对较高的市场竞争力，2009年受准则影响，以规模为主导的各保司收缩万能险供应，但IFRS17准则下除了预期保险赔付外，还扩展了预期费用支出、风险边际的释放和合同服务边际的释放，此举会使得万能险保费收入在新准则下有所上升，或可增加保司在万能险方面的开发内驱力。综上，定价利率的下调或会使得新型寿险产品再迎春天。

（四）积极应对人口老龄化，养老领域发展新契机

2022 年，我国 65 周岁以上人口超 2.1 亿，占总人口的 14.9%，比重已达 21 世纪初的 2 倍有余。从进程来看，我国已步入中度老龄化社会，并有快速迈进深度老龄化社会的趋势，加之生育意愿下降带来的少子化、疾病模式及饮食结构改变带来的慢病高发化等因素叠加影响，我国老龄化形势日益严峻，由此给我国经济社会带来的负面影响愈加凸显。

2006年，中央文件中首次提出“积极应对人口老龄化”①，此后该名词频繁出现在各类政策文件及报告中；2021 年，“实施积极应对人口老龄化国家战略”被以专章形式写入“十四五”规划中。

从保险端的既往实践来看，商业养老保险尚未充分发挥其作为养老第三支柱有力补充的重要作用，产品同质化严重、税收优惠力度不足、投资收益与竞品相比有限等问题曾长期困扰着商业养老保险的发展。近年来，税延养老险、专属商业养老保险、个人养老金等制度从行业整体层面鼓励引导各公司重视养老业务发展，商业养老保险产品类型单一化的局面有所改观。

需求与政策的双端压力驱动行业直面养老问题。实际上，中国民众“重储蓄”的传统思路与商业养老保险“强制储蓄”的特性不谋而合，保

①《中共中央国务院关于全面加强人口和计划生育工作统筹解决人口问题的决定》（中发〔2006〕22 号）。

险业在积极应对人口老龄化方面大有可为，不仅在于产品本身，更多的则是综合解决方案。2022年，行业于养老领域最为火热的两大话题分别是“个人养老金”与“养老社区”，前者是产品层面的逻辑升级，后者则是综合解决方案的群雄角逐，二者皆赋予老龄化这一词汇以积极意义。个人养老金制度为民众开辟了保障养老需求的又一渠道，鼓励长期资金积累并给予可观回报，以参与制度的部分保险产品为例，其具有3%的保底收益且结算利率高于5%，同时还提供了一定程度的税收优惠，鼓励民众以全生命周期的视角看待养老保障问题；养老社区也是基于全生命周期的产业布局，构建了“保险+养老+健康”的生态圈，依托高端的社区定位、专业的养老及照护服务能力、丰富多样的生活基础设施建设，一改中国民众对老年生活孤独、失能、无助的消极预期，向客户展现了积极、健康、无忧的银发生活状态，将曾经令人期待的美好故事落为老龄化背景下的社会现实，甚至给到了“老龄化”以“长寿时代”的积极转换。

2023年5月，中共中央办公厅、国务院办公厅印发了《关于推进基本养老服务体系建设的意见》，将物质帮助、照护服务、关爱服务等均纳入基本养老服务体系中，实现了对于养老金、长护、低保、优抚、救助等多重制度的整合重构，鼓励社会力量参与提供基本养老服务，给到了商业保险在养老领域新的发展契机。未来，商业保险可以从更为开放和融合的视角看待长寿风险、失能风险与医疗风险，从风险底层逻辑出发开展更多系统性产品创新，并积极拥抱老龄化背景下的广泛需求，将保险产品与实体服务深度融合以助力场景化营销，为保险消费者提供愈发综合的养老解决方案。长寿时代下，民众追求和向往的是高质量的、注重价值的老年生活，因而高质量的、注重价值的保险业发展才能更好适配需求，助力实施积极应对人口老龄化的国家战略。

（五）万亿健康险路在何方：精耕细作、切中需求、多元发展

21 世纪 10 年代，健康险开启了又一轮高速增长，2016 年增速已达 67.72%；受监管对于万能型健康险的规范，2017 年的增速大幅下滑但于 2018 年又再次重启增长；自 2020 年起，健康险增速一路下滑，2022 年健康险原保险保费收入 8653 亿元，同比增长仅为 2.44%，与 2025 年健康险市场规模超过 2 万亿元的目标相去甚远，商业健康保险发展中遇到了何种问题，如何在坚持健康保险保障属性的同时切实达成中国特色医疗保障体系的重要组成部分这一定位，值得深思。

随着健康知识的普及、医疗技术的进步以及慢病年轻化的态势，我国民众健康意识日益提升，尤其是新冠疫情以来，民众的健康保障需求更为迫切，但保险产品与服务却并未切中民众真实需求，问题更多出现在供给侧。一方面，从外部原因看，过去三年内惠民保产品如火如荼的发展对于传统商业健康险产品存在一定冲击，二者在保障范围和保障人群方面有所重叠，加之市场热点向增额终身寿险等储蓄类产品的转移，商业健康险增速有所放缓；另一方面，从内生原因看，商业健康险目前的保障层次较低、保障水平不足，与健康产业融合程度较浅，仅扮演了支付方的角色而未深度介入业务痛点环节，“规模焦虑”的顽疾仍在，导致“药转保”类业务横生。因此，行业需要对当前的市场有更为清晰的认知，健康险传统的粗放发展模式已然走到尽头，市场中低垂

的果实已被摘完，精耕细作、切中需求、多元发展才能使得健康险重获核心竞争力。

具体来看，商业健康险的发展存在诸多不足。一是，谈及已久的产品同质化问题，曾几何时中国健康险市场的责任创新百出，据爱选人身保险产品数据库统计，行业现有标准化责任项 45 万余条，其中 75% 以上为健康险产品所贡献，但随着形态的过度迭代，创新空间几无，加之产权保护脱位，产品形态愈加趋同，市场已无责任上的实质创新，更多转向核保等方面的技术革新；二是，市场上多数健康险产品仍停留于仅对健康体人群的保障，但保险的本质是经营风险，将风险人群剔除在外实际是惰于风险识别、风险评估，保险业尚未充分发挥风险经营的专业能力，加之前期规模为王的经营策略致使健康体市场增量已被消耗殆尽，行业亟须发展模式和经营策略的转型；三是，健康险产品保障层级较低，保障范围与社保重合程度较高，多数产品责任仅限于住院的医疗费用补偿，约定了 1 万元的免赔额和相关费用项目等诸多限制，对于门急诊医疗、较昂贵医疗项目、部分先进药品或疗法的责任覆盖有限，较难满足民众日益复杂和多样化的健康保障需求；四是，健康保险与健康管理尚未形成深度融合，产品所搭配的健康服务仍停留于重疾绿通、MDT 多学科问诊、用药服务等事后环节，并未充分纳入健康跟踪、生活营指导、专案病程管理等事前、事中环节的具有管理色彩的健康服务，险企在其中更多地作为了简单的支付方，没有与医疗生态、医疗产业之间形成深层次的合作，从而更多识别、干预和改善风险，反哺保险产品。

伴随行业整体由量转质的改革进程，健康险更需注重自身的价值转型和实质创新，避免坠入存量市场内低价竞争的发展陷阱，这样才能更好跨过低谷、穿越周期。在此背景下，首当其冲的转变应是更加注重风险经营、突出产品保障属性，关注老年人、非标体、带病体等特殊人群增量市场，精细化风险度量与评估，为其适配专属健康保障，丰富细分市场产品供给；探索差异化产品开发并提升产品保障程度，如在百万医疗险中融入零免赔、扩展特需、先进疗法、海外医疗等可选责任；注重疾病风险、医疗风险、失能风险的综合探索，厘清风险间的交叉关系，形成风险综合解决方案，对社保形成强有力补充；搭配高值、深度的服务，引入先进的医疗技术和健康管理方式，提升产品的附加价值，使得产品服务的启用率保持在合理区间，增强客户互动与黏度，形成保险与医疗产业的生态圈。

二、分报告研究结果与展望

本节我们将对各分报告产品进行总结，并对各类产品发展情况进行简要讨论。

（一）定期寿险

产品形态上，2022 年定期寿险产品主要责任仍为身故和全残，部分产品会根据意外伤害事故或猝死给予额外给付。个别产品提供保单贷款、转换权和增额权等权益保障。数据统计上，2022 年定期寿险产品免责条款更加规范，投保年龄覆盖范围扩大，保险期间和交费方式灵活多样。产品价格上，与往年相比水平仍维持低位，总体趋于稳定。

定期寿险的保险责任较为简单规范，且价格竞争已趋于平衡，产品可以从以下两个角度探索并形成自身优势：一是利用互动式数据进一步优化产品定价模式，探索互动式优选定寿保单；二是与失能收入保险或医疗保险等组合销售，与定期寿险接受群体的保障需求相契合。另外，寿险营销模式也需加快转型变革，实现组织发展与专业销售的相对平衡。

（二）终身寿险

2022 年的终身寿险产品仍以“增额含全残”的保险形态为主。98% 的增额型终身寿险产品增额率为 3.50%，较往年有大幅提升。部分产品支持“双被保险人”，同时也有个别产品向投保人提供“指定第二投保人”权益。数据统计方面，2022 年终身寿险的平均最高投保年龄呈进一步上升趋势，可保障人群更加广泛，交费方式也较为多样，无等待期的产品占比有所提升。价格水平方面，2022 年普通型终身寿险大幅下降，增额型终身寿险仍维持小幅下降趋势，但降幅略有收窄。

近年来，预定利率 3.5% 的增额终身寿险凭借其现金价值增长速度快、灵活性高在人身保险市场上脱颖而出，成为兼顾中期资产保值增值和养老、资产传承功能的产品，受到市场热烈反响。2022 年，增额终身寿险在居民预防性储蓄提升、银行理财产品净值波动加剧的情况下，仍取得亮眼的销售成绩。然而受行业预定利率下调因素影响，预计未来增额终身寿险保费收入短期将有回落。但从长期来看，增额终身寿险的刚兑属性未变，对于风险偏好较低的消费者而言仍具有吸引力，此外，在《一年期以上人身保险产品信息披露规则》要求下，新型人身保险的演示利率下调，增额终身寿险仍具有一定优势。

（三）重大疾病保险

2022年重大疾病保险产品主要责任包括重症、轻症、中症、特定疾病、身故、全残等，部分产品还设置了终末期疾病、保费豁免及疾病其他责任。在疾病其他责任中，2022年的重疾险新增了三高防治重大疾病关爱金和收入能力关爱保险金等创新责任。整体来看，2022年重疾险种涵盖多项责任的产品较2021年稳中有升，增加责任集中于特定疾病与疾病其他责任项，产品保障更为全面；且产品覆盖的重症与中症平均病种数量与豁免责任所占比例逐年增加，重症、中症及轻症整体赔付次数均有所增加，疾病赔付方式也更趋多样化。

从2022年各家保险公司披露的理赔年报来看，当前重疾险保单保障水平仍不充分，单均保额与潜在的重疾医治费用仍有较大差距。2023年7月6日，金融监管总局发布《关于适用商业健康保险个人所得税优惠政策产品有关事项的通知》（以下简称《通知》），将享受个税优惠的商业健康险从过去的特定医疗险扩展至符合条件的医疗保险、长期护理保险和疾病保险。在《通知》的指导下，多数重疾险有望获得税收优惠政策，从而有助于推动重疾险销售。另外，在老龄化背景下，带病体人群或将进一步增长，保障缺口进一步加大，可承保非标体的重疾险产品市场广阔。在2022年，多家保险公司已实现与医疗机构、科技公司合作，创新推出非标健康险产品并且附加增值服务，未来随着数字化转型加速，这类产品将有更大的创新空间和发展潜力。

（四）年金保险

在2022年的年金保险产品中，养老年金的比例持续上升。身故责任方面，普通年金的身故给付方式主要为“已交保费与现金价值两金取大”，养老年金的主要身故给付方式为“年金领取日前后进行责任划分”。年金保险中，普通年金责任占比下降，教育金、养老金的占比上升，保险产品的责任设置更为具体，保障功能目的性更强。在普通条款的统计结果中，2022年养老年金的投保年龄区间类型更为丰富，交费方式更加多元。

我国持续推进多层次、多支柱养老保险体系建设，个人养老金制度稳步推进，个人养老金产品供给日益丰富。截至2023年7月，国家社会保险公共服务平台披露的个人养老金产品保险类目下共有39款产品，其中年金保险数量达20款，占比超50%。从年金保险产品设计来看，市场上陆续出现保险公司将年金保险与养老社区等服务相结合的销售模式，推进构建老年康养服务体系，有效保障老年人的生活质量。

（五）万能保险

2022年万能保险产品的各交费方式占比情况与2021年基本保持一致，包括趸交、追加、转入和期交，且所有产品均提供趸交的交费方式。万能险其他责任的统计结果如下：多数万能险产品的退保费用和部分领取费用设置相同，费用率整体呈下降趋势，扣费比例的分布较往年更为集中；收取保单管理费用的产品占比略有提高；万能险奖励起始时间多数为第5个保单周年日，奖励基础大多为已交保费；保证利率整体进一步下调，2022

年万能险平均保证利率为 2.39%。与往年的结算利润相比，2022 年万能险产品平均结算利率持续走低，年收益率均值为 3.97%。

2023 年 7 月中旬，监管陆续对保险公司进行窗口指导，要求在 7 月 31 日 24 点前下架定价利率大于 3.0% 的保险产品，以及保底收益在 2% 以上的万能险产品。而近年来受保险业资产端发展严重承压影响，万能险产品结算利率一再下调，逐步进入 3% 时代。但预计未来伴随市场积极信号释放，经济有望企稳复苏，新型人身保险或将成为险企发力重点，有助于实现资产负债良性匹配。

（六）中端医疗保险

在统计的中端医疗保险产品中，在一般医疗保险责任的基础上补充“重大疾病医疗保险责任”“质子重离子医疗保险责任”和“恶性肿瘤特定药品费用医疗责任”的产品占比进一步提升；医疗责任总体呈现多样化趋势。保险责任统计方面，一般医疗保险责任的住院医疗费用项目平均数量有所增加，重大疾病医疗保险责任的重疾病种数量呈逐年快速增长趋势，其他医疗责任也更加丰富。普通条款统计方面，2022 年统计的中端医疗险产品医疗免责条款数量逐年增加，平均投保年龄范围扩大，等待期平均时长下降。

中端医疗险在设计之初以“低保费、高免赔额”来实现“高保额”，为消费者提供“低频高保”的医疗保障。但随着市场竞争越来越激烈，很多保险公司开始通过降低免赔额来吸引消费者，2023 年已来出现多款“零免赔”百万医疗险产品。然而这类产品也对定价和风控带来一定隐患，保险公司在产品开发时需充分做好保险保障与风险定价之间的平衡。此外，医疗险的保险期间长期化也成为市场主流趋势，“保证续保”的设计为消费者提供更安心的长期保障。从产品可保人群来看,“非标化”和“老龄化”已成趋势，随着数字化转型加速，保险公司核保能力的提升将进一步扩大可保人群范围，助力提高全社会医疗保障水平。

三、专题报告研究概述与总结

本节我们将对各专题报告进行总结，简述各专题下的研究内容及结论。

（一）ESG 理念下的人身保险产品创新

本专题简要介绍了当下热门的 ESG 理念并回顾了其发展历程，结合目前中国保险市场的相关监管动向，论述了其中各类议题与各类保险产品的关联，并通过国内外市场上的人身保险产品创新实例分类介绍了契合 ESG 理念的创新方向。

ESG 理念追求可持续发展，不仅为社会带来长期的环保收益，也从社会治理的角度追求稳定持续的增长、减少治理中的噪音，其受众面必将持续扩大。中国保险市场的发展在数年的平台期后正在寻找新的动力。监管和市场对 ESG 理念和绿色金融的要求看似是对保险市场发展的限制，实则也是引导行业走向社会发展的新方向，发现保险行业发展的新机遇。

专题中归纳的符合 ESG 理念的人身保险产品创新的三大方向，一是顺应 ESG 理念开发新的人身保险产品形态，二是跟随社会发展的新问题寻找、扩大受众人群并针对其痛点开发相应人身保险产品，三是在日常运营中贯彻 ESG 理念，在渠道和产品形态上创新，响应环保，纳入健康理念。这些创新方向都是旨在助力行业满足新增的市场需求、覆盖更加全面的市场和人群、提高自身运行效率。希望借此专题普及 ESG 理念，帮助寿险行业认清面对的挑战，也帮助寿险行业寻找新的增长点，给到读者一定的启示。

（二）商业养老保险需求研究——微观和产品层面

年金保险具有在投保人生存期间提供持续稳定的现金流赔付的特质，在众多的人寿保险和资产管理产品中，这种特质与养老金领取的现金流模式具有天然的匹配性，这意味着商业养老保险存在与生俱来的刚性需求和业务基础。

专题首先针对最新的养老保险政策分析其对个人商业养老金融服务的作用和影响，说明制度建设对商业养老的促进作用；其次，从各个年龄段的潜在客户对商业养老保险的微观效用分析的视角，通过逻辑分析和实证研究说明商业养老保险对不同年龄的投保人的价值；最后，专题将对目前我国金融领域提供的养老产品从与实际需求匹配的角度进行可行性分析，具体分析领取期的商业养老保险的需求敏感性。探索从产品端视角进行商业养老保险需求研究的可能性和关注的重点，为围绕养老保险金融服务的深入理论研究和实证分析提供基础和建议。

（三）2022 年人身保险产品及服务特色总结分析

本专题基于爱选人身保险产品数据库、爱选人身保险产品开放系统、爱选行业产品周报、每周新产品调研等日常工作，对 2022 年开发上市的 1720 款人身保险产品及服务进行了年度、季度及月度的统计分析，同时进行分月度的动态分析，简述了 2022 年各月份的产品开发及服务上市热点，之后对包括疫情险（含隔离险）、个人养老金、体检升级老年医疗险、非标体保险、互动式保单等 2022 年十大类特色人身保险产品及服务进行了专项研究。

2022 年，中国人身保险市场共有 1720 款人身保险产品及服务上市，其中人身保险产品 1542 款、服务 178 个，报备数量继续放缓，依旧呈现着健康险产品为主、寿险产品为辅的数量特点，结合“开门红”影响及增额终寿这一品类的爆火，寿险产品于第四季度上市数量突破 25%，部分公司增额终寿渠道贡献占比突破 95%。尽管如此，受人口结构变化、监管政策导向、市场需求调整等多重因素影响，2022 年的人身保险产品和服务呈现出战略重点由资金型产品向保障型产品转移、格外关注老年市场特殊需求、鼓励和规范商业健康险多样化发展、搭建和丰富个人养老金制度体系等特点，注重老龄健康和次标体人群保障成为了 2022 年的产品特色之一。

在“稳字当头、稳中求进”的总基调下，2022 年的人身保险产品在创新方面持续发力，尤其是健康保险端，主要体现在为存量人群增责任以提升保障、延展保险产品的边界从而扩展非传统保险人群从而实现增量上升。2023 年，行业产品端仍需在精细化管理、合规化经营的前提下，持续加强产品的创新，注重保障型产品开发，坚持围绕养老和健康两大市场需求，持续纳入老年、非标及带病体人群，提升风险经营的专业能力。产品是保险行业的关键一环，更多关注产品特色，注重创新管理，才能更好进行稳规模、调结构，助力行业高质量发展。

（四）新型人身保险产品发展趋势分析

2022年末以来，有关寿险预定利率下调的消息在保险行业广泛传播。直到2023年7月中旬，监管部门才陆续对保险公司进行更深一步的窗口指导，要求在7月31日24点前下架定价利率大于3.0%的保险产品。此前，我国保险业曾在20世纪90年代后期面临因央行接连降息而下调预定利率的局面，当时保险公司通过积极开发新型人身保险产品实现了经营业绩的快速发展。有鉴于此，本专题报告将系统梳理新型人身保险产品在国内的发展历程，并结合各时期的宏观政策及经济环境，基于国内外历史经验启示，分析新型人身保险产品当下所面临的机遇与挑战及未来的发展趋势。

从行业整体来看，个人财富的持续积累、保险意识的不断提升以及人口老龄化趋势推动了中国寿险和健康险市场的高速增长。随着经济活动数字化程度的加深，创新型产品也将迎来巨大的发展机遇。从新型人身保险的发展来看，国际寿险市场正逐渐从保障型产品为主转向理财型产品为主。在我国，随着消费者对金融资产投资和配置需求的增加，在“保险姓保，回归保障”的基础上，新型人身保险凭借其兼容保障和理财功能的产品独特性，从中长期看有望引领寿险业开辟新的增长曲线。此外，我们认为未来分红险或将成为新型人身保险主推险种。一方面，分红险的“浮动收益”特点有助于保险公司有效规避利率风险，降低资产配置压力和偿付压力，从而保证公司稳健经营。另一方面，从市场公开数据来看，分红险的红利实现率具有较高的竞争力和吸引力，并且在信息披露规则下产品收益的真实性和透明度也进一步增强。综上，我们认为随着寿险业不断转型升级与结构优化，我国新型人身保险仍处于重要战略机遇期，高质量发展也将成为未来各类新型人身保险产品发展的主旋律。

分报告一
2022年定期寿险产品数据统计

《分报告一——2022年定期寿险产品数据统计》的分析数据均来自市场公开信息，如产品条款，产品费率等。本分报告以下的统计分析结果基于24款报备年度为2022年的定期寿险产品。

一、产品概况

本次统计的24款定期寿险产品中，有17款为互联网保险产品，占比为70.83%。在身故责任设置方面，多数产品的身故责任为“等待期内身故，退还已交保费；意外或等待期后身故，给付基本保额”，个别产品的身故给付与剩余保单年度相关。

此外，在2022年统计的定期寿险产品里，有2款为互动式保单。其一为若被保险人参加指定运动记录平台活动，并于前三个保单年度内任一年度达到运动标准，则自次年起，若被保险人身故或全残，将额外给付5%基本保额。另一款为保单生效后的首个保单年度内，若被保险人提供指定第三方平台的健康测评报告，保险公司将对其审核并将被保险人的健康等级划分为“标准体”“优选体”或“超优体”，身故或全残保险金将按照“健康等级给付比例[①]× 基本保额”进行给付。这 2 款产品都将保险与健康管理相结合，第一款通过在指定时间内完成运动标准以鼓励被保险人培养健康的生活习惯，而第二款根据首个保单年度内的健康测评报告对健康等级较高的人群上调给付金额，同时也帮助被保险人全面了解自身的身体状况。近年来互动式保单逐渐成为业内寿险产品的创新方向，但当前保险市场上这类产品数量仍屈指可数，未来仍存较大的探索空间。

二、保险责任

（一）主要责任

定期寿险保险合同的主要责任为身故和全残。2022 年统计的定期寿险产品中，有 23 款同时提供身故和全残保障，剩余 1 款产品仅提供身故责任。

（二）其他责任

1. 特定意外身故额外给付责任

特定意外身额外给付责任是指被保险人遭受特定意外伤害事故，并因本次伤害事故直接导致被保险人在该事故发生之日起 180 日内身故，保险公司在给付一般身故保险金的同时，还将按照合同约定额外给付特定意外身故保险金。

① “标准体”“优选体”和“超优体”对应的健康等级给付比例分别为 100%、110%、120%。

2022 年统计的定期寿险产品中，有 7 款产品提供了此项责任，给付额度均为基本保额的一定比例或倍数，覆盖自驾车、网约车、出租车、水陆空公共交通工具、重大自然灾害等意外伤害事故。

2. 猝死额外给付责任

在保险条款中，“猝死”的定义通常为“表面健康的人因潜在疾病、机能障碍或者其他原因在出现症状后 24 小时内发生的非暴力性突然死亡”，部分条款还会附加说明“因患精神病、先天性疾病（包括先天性畸形）、遗传性疾病、性传播疾病、获取移植器官或者捐献器官、化学污染所导致的猝死，不在本合同的保障范围之内”。

据国家心血管中心统计，我国每年有 50 余万人因心源性猝死离世，同时年轻人在猝死人群中的占比也逐渐增加。因此，为提高中青人群的猝死风险保障，部分寿险产品在一般身故责任基础上扩展了猝死额外给付责任。

2022 年统计的定期寿险产品中，有 5 款产品针对 65 周岁前猝死设置了额外给付 20%—50% 基本保额责任。

三、免责条款

表 1　定期寿险产品免责条款数量统计

身故免责条款数量	比例		变化趋势
	2021 年	2022 年	
3 条	65%	50%	↓
4 条	—	4%	—

（续表）

身故免责条款数量	比例		变化趋势
	2021 年	2022 年	
5 条	13%	17%	↑
7 条	22%	29%	↑

表 2　定期寿险产品标准免责条款情况统计

免责条款		比例		变化趋势
		2021 年	2022 年	
1	投保人对被保险人的故意杀害、故意伤害	100%	100%	→
2	被保险人故意犯罪或者抗拒依法采取的刑事强制措施	100%	100%	→
3	被保险人在本合同成立日或最后复效日（以较迟者为准）起两年内自杀，但被保险人自杀时为无民事行为能力人的除外	100%	100%	→
4	被保险人主动服用、吸食、注射毒品	43%	50%	↑
5	被保险人酒后驾驶，无合法有效驾驶证驾驶，或驾驶无有效行驶证的机动车	48%	46%	↓
6	核爆炸、核辐射或核污染	22%	46%	↑
7	战争、军事冲突、暴乱或武装叛乱	22%	46%	↑

由表 1 可知，2022 年统计的定期寿险产品中，3 条免责的产品比例略有下降，5 条和 7 条免责的产品比例增加。由表 2 可知，后 4 条免责条款占比与 2021 年报备产品相比呈上升趋势。由于往年产品免责条款多有将两条或以上单项免责合并为一条的情况，而本次统计的产品免责条款均较为规范，因此实际无显著差异。

四、普通条款

（一）投保年龄

表 3　定期寿险产品最低投保年龄统计

最低投保年龄	比例		变化趋势
	2021 年	2022 年	
18 周岁	83%	100%	↑
20 周岁	4%	—	—
没有明确	13%	—	—

表 4　定期寿险产品最高投保年龄统计

最高投保年龄	比例		变化趋势
	2021 年	2022 年	
40 周岁	—	8%	—
50 周岁	4%	8%	↑
55 周岁	9%	12%	↑
60 周岁	70%	58%	↓
61 周岁	4%	—	—
68 周岁	—	8%	—
70 周岁	—	4%	—
没有明确	13%	—	—

由表 3、表 4 可知，统计的 24 款 2022 年定期寿险的最低投保年龄均设为 18 周岁；最高投保年龄多数设为 60 岁，比例为 58%。

（二）保险期间

定期寿险的保险期间可以大致分为两类：固定期限或至固定年龄，大部分定期寿险产品为满足投保人的不同需求提供了多种保险期间。

表 5 定期寿险产品保险期间统计

保险期间	比例		变化趋势
	2021 年	2022 年	
5 年	—	12%	—
10—30 年	9%	—	—
10 年	43%	25%	↓
15 年	13%	12%	↓
20 年	57%	54%	↓
25 年	9%	12%	↑
30 年	57%	71%	↑
35 年	4%	—	—
40 年	4%	—	—
至 40 周岁	12%	8%	↓
至 45 周岁	8%	8%	→
至 50 周岁	7%	8%	↑
至 55 周岁	9%	12%	↑
至 60 周岁	57%	71%	↑
至 65 周岁	39%	54%	↑
至 70 周岁	57%	75%	↑
至 75 周岁	13%	8%	↓
至 80 周岁	39%	38%	↓
至 88 周岁	9%	—	—
至 100 周岁	—	4%	—
没有明确	22%	8%	↓

由表 5 可知，在固定期限中，20 年和 30 年最为常见，比例为 54% 和 71%。在保障至固定年龄中，保障至 60 周岁和 70 周岁最为常见，比例为 71% 和 75%，与 2021 年相比均有所上升。

（三）交费方式

定期寿险的交费方式一般分为趸交、固定交费年限和交费至固定年龄。部分定期寿险产品会提供和保险期间相同的交费方式，如保险期间为 30 年则交费期间也为 30 年。

表 6　定期寿险产品交费方式统计

交费方式	比例		变化趋势
	2021 年	2022 年	
趸交	39%	29%	↓
5 年	39%	46%	↑
5—25 年	4%	—	—
10 年	57%	67%	↑
15 年	9%	29%	↑
20 年	61%	75%	↑
25 年	4%	17%	↑
30 年	57%	62%	↑
至 40 周岁	4%	8%	↑
至 45 周岁	4%	8%	↑
至 50 周岁	4%	8%	↑
至 55 周岁	4%	8%	↑
至 60 周岁	39%	33%	↓
至 65 周岁	26%	29%	↑

（续表）

交费方式	比例		变化趋势
	2021 年	2022 年	
至 70 周岁	30%	33%	↑
至 75 周岁	4%	8%	↑
至 80 周岁	9%	12%	↑
没有明确	30%	8%	↓

由表 7 可知，统计的 2022 年定期寿险产品的交费方式以固定交费年限为主。其中，10 年交、20 年交和 30 年交比例大，分别 67%、75% 和 62%，与 2021 年产品相比也都有一定程度上升。

（四）犹豫期

2022 年统计的定期寿险产品犹豫期多数为 15 天，产品占比由 2021 年的 61% 上升至 79%；同时 20 天犹豫期的占比由 2021 年的 39% 下降至 21%。

表 7　定期寿险产品犹豫期天数统计表[①]

犹豫期	比例		变化趋势
	2021 年	2022 年	
15 天	61%	79%	↑
20 天	39%	21%	↓

① 由于四舍五入，本报告一些统计表比例之和可能与 100% 略有区别。

（五）等待期

2022 年统计的定期寿险产品中，等待期多数设为 90 天，比例为 75%。

表 8　定期寿险产品等待期统计表

等待期	比例		变化趋势
	2021 年	2022 年	
60 天	—	8%	—
90 天	87%	75%	↓
180 天	—	8%	—
无	13%	8%	↓

五、利益责任

（一）保单贷款

保单贷款指在合同有效期内，投保人可以书面形式向保险公司申请贷款，还款时需偿还本金和利息。2022 年统计的定期寿险产品中，有 3 款产品可以申请保单贷款，最高贷款金额均为申请时现金价值净额的 80%，每次贷款最长期限为 6 个月。

（二）转换权

转换权指投保人可选择在约定时间申请将全部或部分现金价值作为一次性交清的保险费购买年金保险或终身寿险。2022 年统计的定期寿险中，分别有 1 款产品提供“年金转换权”和“年金 / 终寿转换权”。两款产品的转换权申请时间分别要求在“第 5 个保单周年日后且年满 55 周岁”和“第 5 个保单周年日后且 60 周岁前”。

（三）增额权

增额权指被保险人发生特定的人生重大事件（被保险人结婚、子女出生、贷款购房等）且保单满足一定条件时，可以向保险公司申请增加基本保险金额，增额的次数及幅度均有要求，但无需提供额外的健康证明文件。在统计的定期寿险中，有 1 款产品提供增额权。

六、价格水平

本报告计算统计了 2020—2022 年定期寿险 30 岁男性，保险期间 30 年，交费期间分别为趸交、10 年交、20 年交、30 年交的千元保额平均费率。价格水平统计结果见表 9。

表 9　定期寿险产品平均价格水平（单位：元）

定期寿险	2020 年	2021 年	2022 年
趸交	22.51	23.56	22.81
10 年交	2.70	2.82	3.10
20 年交	1.57	1.62	1.65
30 年交	1.21	1.25	1.24

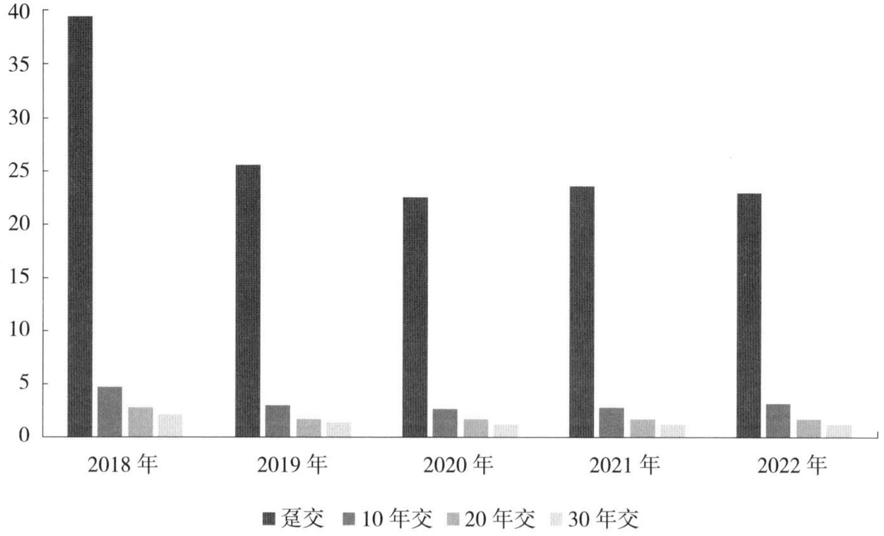

图 1　2018—2022 年定期寿险产品平均价格水平（单位：元）

图 1 为本系列报告在上述条件下统计的 2018—2022 年定期寿险千元保额平均费率情况[①]。可以看到，自 2018 年以来定期寿险的价格水平呈显著下降趋势，2020—2022 年降幅放缓且略有波动。当前，定期寿险市场竞争仍较为激烈，各家保险公司尤以价格竞争作为主要手段，在该环境下，部分产品采用针对被保人群的健康水平进行差异化定价的方式实现了一定风险规避。

① 2018—2021 年数据参考自《2021 中国人身保险产品研究报告》和《2022 中国人身保险产品研究报告》。

分报告二
2022 年终身寿险产品数据统计

《分报告二——2022 年终身寿险产品数据统计》的分析数据均来自市场公开信息，如产品条款，产品费率等。本分报告以下的统计分析结果基于 182 款报备年度为 2022 年的终身寿险产品。

一、产品概况

终身寿险产品按照保额是否可变，可分为定额终身寿险和增额终身寿险。2022 年统计的终身寿险产品中，普通终身寿险数量为 35 款，占比为 19%；增额终身寿险数量为 147 款，占比为 81%，同比下降 3%。另外，有 9 款产品支持“双被保险人”，5 款产品投保人拥有“指定第二投保人”权益。

普通终身寿险中没有互联网保险产品，身故责任多数为“等待期内身故，退还已交保费；意外或等待期后身故，给付基本保额”或“18 周岁前身故，给付已交保费与现金价值两金取大；18 周岁后身故，给付基本保额”，并且有 10 款产品提供一般意外身故额外给付责任。

此外，有 1 款产品为互动式保单，具体内容为：产品使用活力分衡量被保险人的运动达标情况（活力分是根据被保险人使用指定智能穿戴设备记录的运动健康数据计算得到的智能评分），在首个保单周年日至第 10 个保险合同周年日且被保险人 60 周岁前评估被保险人的活力分达标情况。若被保险人在 18 周岁后身故，将额外给付“基本保额 × 被保险人已获取的活力分达标次数之和 ×2%”，即该产品的身故保险金至多可额外给付 20% 基本保额。

增额终身寿险中有 10 款互联网保险产品，其余产品仍以个险渠道和银保渠道销售为主。身故责任多数为“18 周岁保单周年日前，身故给付已交保费与现金价值两金取大；18 周岁保单周年日后，若交费期内身故，给付已交保费 × 给付比例与现金价值两金取大；若交费期外，给付已交保费 × 给付比例、现金价值与有效保额三金取大”。此外，增额终身寿险产品中，约 98% 的产品增额率为每年 3.50%，该比例相较往年有大幅提升。仅个别产品增额率为 3.1%、3.25% 和 3.3%。

二、保险责任

（一）主要责任

终身寿险保险合同的主要责任为身故和全残。2022 年统计的终身寿险产品中，同时提供身故和全残保障的终身寿险产品比例为 76%，其余终身寿险仅提供身故保障。终身寿险产品保险责任统计结果详见表 1。

表 1　终身寿险产品保险责任统计

保险责任	比例		变化趋势
	2021 年	2022 年	
增额含全残	70%	69%	↓
增额无全残	13%	12%	↓
定额含全残	10%	7%	↓
定额无全残	6%	12%	↑

由表 1 可知，增额含全残类和增额无全残类的终身寿险产品占比基本维持不变，定额无全残类产品比例从 2021 年的 6% 上升至 2022 年的 12%。

（二）其他责任

1. 投保人身故或全残豁免保险费

投保人身故或全残豁免保险费指投保人在满足一定条件下身故或全残时，可免交自投保人身故或确定全残之日起的续期保险费，已豁免保费视为已交，保险合同继续有效。

2022 年统计的终身寿险产品中，有 10 款产品提供了此项责任并做了条件限制，如“仅意外”“投保人年龄限制（如 60 周岁前）”以及“特定意外事故（如航空意外）”等。

2. 一般意外身故或全残额外给付责任

一般意外身故或全残额外给付是指被保险人遭受意外伤害事故，并因本次伤害事故直接导致被保险人在该事故发生之日起 180 日内身故或全残的，且被保险人身故或全残时满足一定条件（如 18 周岁后、70 周岁前等），保险公司在给付一般身故或全残保险金的同时，按照合同约定额外给付意外身故或全残保险金，给付额度通常为基本保额的一定比例。

2022年统计的终身寿险产品中，有11款产品提供了此项责任。

3. 特定意外身故额外给付责任

特定意外身故额外给付责任是指被保险人遭受特定意外伤害事故，并因本次伤害事故直接导致被保险人在该事故发生之日起180日内身故，保险公司在给付一般身故保险金的同时，还将按照合同约定额外给付特定意外身故保险金。

2022年统计的终身寿险产品中，有60款产品提供了此项责任。覆盖的意外伤害事故包括航空、水陆公共交通工具、自驾车、重大自然灾害等。

三、免责条款

表2 终身寿险产品免责条款数量统计①

身故免责条款数量	比例		变化趋势
	2021年	2022年	
3条	19%	28%	↑
4条	1%	1%	→
5条	19%	10%	↓
6条	1%	3%	↑
7条	57%	54%	↓
7条以上	4%	6%	↑

① 由于四舍五入，本报告一些统计表比例之和可能与100%略有区别。

表 3　终身寿险产品免责条款情况统计

免责条款		比例		变化趋势
		2021 年	2022 年	
1	投保人对被保险人的故意杀害、故意伤害	100%	100%	→
2	被保险人故意犯罪或者抗拒依法采取的刑事强制措施	100%	100%	→
3	被保险人在本合同成立日或最后复效日（以较迟者为准）起两年内自杀，但被保险人自杀时为无民事行为能力人的除外	100%	100%	→
4	被保险人主动服用、吸食、注射毒品	79%	70%	↓
5	被保险人酒后驾驶，无合法有效驾驶证驾驶，或驾驶无有效行驶证的机动车	80%	70%	↓
6	核爆炸、核辐射或核污染	64%	62%	↓
7	战争、军事冲突、暴乱或武装叛乱	64%	62%	↓

由表 2，2022 年统计的终身寿险产品中，仍有半数以上产品免责条款设计为 7 条；同时，3 条免责的产品比例大幅增加，由 19% 增至 28%。由表 3，后 4 条免责条款比例呈明显下降趋势。总体来看，2022 年终身寿险产品免责条款数量呈减少趋势，但将多条标准免责合并成一条免责的问题仍有存在。

四、普通条款

（一）投保年龄

终身寿险的最低投保年龄多数设为 0 周岁（包含 7/28/30 天）；最高投保年龄在 50—80 周岁，该区间与 2021 年统计结果一致。2022 年统计的终身寿险产品中，最高投保年龄在 70 周岁和 75 周岁的比例上升，个别产品的最高投保年龄设为 59/69/73/74 周岁，总体上投保年龄范围进一步扩大。投保年龄统计结果见表 4 和表 5。

表 4　终身寿险产品最低投保年龄统计

最低投保年龄	比例		变化趋势
	2021 年	2022 年	
0 周岁	89%	85%	↓
18 周岁	4%	7%	↑
50 周岁	1%	—	—
没有明确	6%	8%	↑

表 5　终身寿险产品最高投保年龄统计

最高投保年龄	比例		变化趋势
	2021 年	2022 年	
50 周岁	1%	1%	→
59 周岁	—	1%	—
60 周岁	4%	4%	→
65 周岁	6%	4%	↓
67 周岁	2%	—	—
69 周岁	—	1%	—
70 周岁	42%	43%	↑
72 周岁	1%	1%	→
73 周岁	—	1%	—
74 周岁	—	1%	—
75 周岁	29%	34%	↑
80 周岁	8%	3%	↓
没有明确	6%	8%	↑

（二）交费方式

终身寿险的交费方式多数分为趸交和固定交费年限，并同时提供多种可选交费方式。2022 年统计的终身寿险产品中，仅 1 款产品提供交至 70 周岁的方式。从统计结果看，2022 年终身寿险产品交费方式为趸交的占比达 69%；期交中，3—5 年交的比例小幅下降，6 年及以上的期交方式比例呈上升趋势，其中 10 年、15 年和 20 年的占比较大。交费方式统计结果见表 6。

表 6　终身寿险产品交费方式统计

交费方式	比例		变化趋势
	2021 年	2022 年	
趸交	73%	69%	↓
3 年	78%	77%	↓
4 年	—	1%	—
5 年	81%	77%	↓
6 年	1%	4%	↑
7 年	1%	2%	↑
8 年	—	3%	—
9 年	1%	—	—
10 年	78%	79%	↑
12 年	—	1%	—
14 年	1%	—	—
15 年	37%	40%	↑
18 年	—	1%	—
19 年	1%	—	—

（续表）

交费方式	比例		变化趋势
	2021 年	2022 年	
20 年	48%	53%	↑
25 年	1%	—	—
30 年	8%	12%	↑
至 70 周岁	—	1%	—
没有明确	15%	19%	↑

（三）犹豫期

2022 年统计的终身寿险产品中，15 天犹豫期的产品比例为 94%，与 2021 年相比有所上升。统计结果见表 7。

表 7 终身寿险产品犹豫期天数统计

犹豫期	比例		变化趋势
	2021 年	2022 年	
10 天	1%	—	—
10 天（通过商业银行投保，犹豫期为 15 天）	—	1%	—
15 天	91%	94%	↑
20 天	7%	4%	↓
无	1%	1%	→

（四）等待期

2022 年统计的终身寿险产品中，无等待期的产品比例从 69% 上升至

75%；同时，等待期为 90 天和 180 天的产品比例均有下降。统计结果见表 8。

表 8　终身寿险产品等待期统计表

等待期	比例		变化趋势
	2021 年	2022 年	
90 天	21%	17%	↓
180 天	10%	8%	↓
无	69%	75%	↑

五、利益责任

（一）保单贷款

保单贷款指在合同有效期内，投保人以书面形式向保险公司申请贷款，还款时需偿还本金和利息。2022 年统计的终身寿险产品中，98% 的产品均可申请保单贷款，最高贷款金额多数为申请时现金价值净额的 80%，每次贷款最长期限为 6 个月（180 天），部分产品最低贷款限额为 500 元或 1000 元。

（二）转换权

转换权指投保人可选择在约定时间申请将全部或部分现金价值作为一次性交清的保险费购买年金保险或终身寿险。2022 年统计的终身寿险产品中，约 22% 的产品提供年金转换权，申请时间要求在“第 5 个保单周年日后”或“第 10 个保单周年日后”。此外，还有 2 款产品提供终寿转换权，具体内容为“在第 2 至第 10 个保险单年度内，可申请将本合同转换为指定终身寿险保险合同，本合同已交保费可转换为指定合同的已交保费”。

六、价格水平

本报告计算统计了 2020—2022 年普通终身寿险和增额终身寿险 30 岁男性，交费期间分别为趸交、10 年交、20 年交的千元保额平均费率。价格水平统计结果见表 9 和表 10。

表 9　普通终身寿险价格水平（单位：元）

普通终寿	2020 年	2021 年	2022 年
趸交	208.42	243.30	195.46
10 年交	26.27	26.94	23.62
20 年交	15.17	15.87	13.90

表 10　增额终身寿险价格水平（单位：元，增额率 3.5%）

增额终寿	2020 年	2021 年	2022 年
趸交	1116.69	1104.79	1095.63
10 年交	128.51	126.07	125.27
20 年交	74.15	75.93	74.58

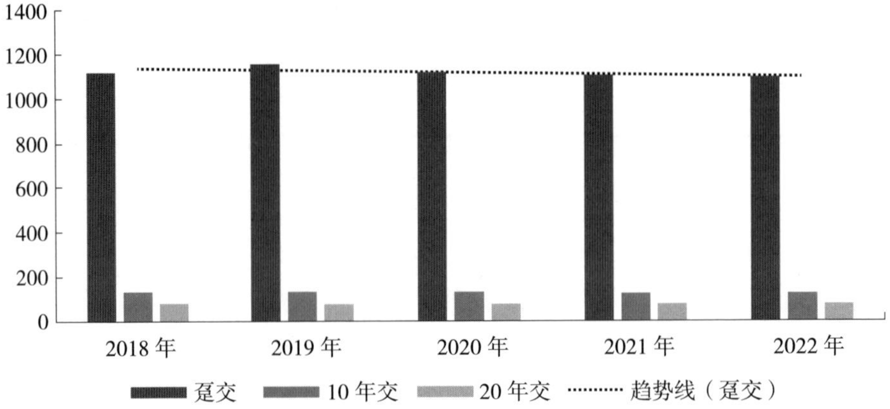

图 1　2018—2022 年增额率为 3.5% 的终身寿险产品平均价格水平（单位：元）

图 1 为本系列报告在上述条件下统计的 2018—2022 年增额率为 3.5% 的终身寿险千元保额平均费率情况[①]。

整体来看，与 2021 年相比，2022 年普通型终身寿险的价格水平大幅下降，其中千元保额的平均趸交费率水平由 2021 年的 243.30 元降至 195.46 元，降幅达 19.66%。

见表 10 和图 1，增额终身寿险的价格水平近五年总体呈持续小幅下降趋势，且降幅逐年收窄，2022 年千元保额的平均趸交费率水平同比下降 0.83%。

① 2018—2021 年数据参考自《2021 中国人身保险产品研究报告》和《2022 中国人身保险产品研究报告》。

分报告三
2022 年重大疾病保险产品数据统计

《分报告三——2022 年重大疾病保险产品数据统计》的分析数据均来自市场公开信息，如产品条款、产品费率等。本报告以下的统计分析结果基于 224 款报备年度为 2022 年的重大疾病保险产品。

一、保险责任

重大疾病保险合同包括的主要保险责任有重症、中症、轻症、特定重疾、身故、全残、终末期疾病、保费豁免以及其他疾病责任等。重疾险产品主要保险责任统计结果详见表 1。

表 1　重疾险产品主要保险责任统计

保险责任	比例		变化趋势
	2021 年	2022 年	
重疾	100%	100%	→
中症	79%	79%	→

（续表）

保险责任	比例		变化趋势
	2021 年	2022 年	
轻症	91%	89%	↓
特定重疾	46%	52%	↑
身故（返保额）	81%	79%	↓
全残	45%	62%	↑
终末期疾病	24%	16%	↓
保费豁免	83%	81%	↓
其他疾病责任	56%	59%	↑

由表 1 可知，2022 年统计的重疾险产品中，含中症责任的产品比例较为稳定，含轻症责任的产品比例有小幅回落，且多数产品的身故责任设置为返保额的形式。而在条款中单独设置终末期疾病责任的产品比例下降。此外，其他疾病责任比例上升，这个责任主要包含重疾“非标配”责任，如“心脑血管二次给付”“恶性肿瘤二次给付”“女性特定手术给付”等责任，这个比例的上升可以体现出重疾险责任创新化的趋势。

（一）重症

重症责任，即被保险人罹患合同中所列的重症疾病，得到重大疾病保险金赔付。重症具有危及生命和花费巨大两个特点，赔付额度一般为 100% 基本保额。

重症责任的病种数量、重症分组、赔付次数、赔付方式等均是产品设计以及消费者关注的重点。

1. 重症病种数量

2022年统计的重疾险产品中，重症病种数量范围在28—135种之间，平均水平由2021年的111种增长到113种。2022年重症数量在100种以上的比例为89%，2021年该比例为79%。2022年的重疾险产品病种数量仍呈平稳上升趋势。

2. 重症分组和赔付次数

2022年统计的重疾险产品中，从重疾分组看，不分组产品比例为78%（见表2），这其中多数为单次赔付重疾，但部分产品的重疾责任为不分组多次赔付。分组重疾产品中，仍以5组、6组居多。从赔付次数看，单次赔付重疾产品比例为70%；多次赔付重疾中，以6次居多（见表3）。此外，多次赔付重疾中，重疾赔付时间间隔大多为180天和365天，比例分别为30%和37%。

表2　重疾险产品重疾分组统计

重症分组	比例		变化趋势
	2021年	2022年	
3组	2%	4%	↑
5组	10%	6%	↓
6组	12%	12%	→
不分组	76%	78%	↑

表3　重疾险产品重疾赔付次数统计

重症赔付次数	比例		变化趋势
	2021年	2022年	
1次	76%	70%	↓
2次	5%	6%	↑

（续表）

重症赔付次数	比例		变化趋势
	2021年	2022年	
3次	6%	7%	↑
4次	—	3%	—
5次	6%	4%	↓
6次	7%	10%	↑

3. 重症赔付方式

2022年统计的重疾险产品的赔付方式分布较2021年更为分散，约33%的产品重疾责任设置为“等待期内重疾，退还已交保费；意外或等待期后重疾，给付基本保额”，与2021年相比，这个比例下降约7%。

重症责任设置较为复杂的产品，赔付额度会受到罹患重疾次数、保单年度、到达年龄、是否参加指定运动、重疾时间间隔等因素影响。重症责任的赔付额度可能与上述因素中的一个或多个挂钩，具体举例见表4。

表4　重疾险产品重症赔付方式举例

与罹患重疾次数相关	等待期内重疾，退还已交保费； 意外或等待期后重疾： 首次，给付已交保费、现金价值与基本保额三金取大； 第二次，给付120%基本保额； 第三次，给付140%基本保额； 第四次，给付160%基本保额； 第五次，给付180%基本保额； 第六次，给付200%基本保额
附加一定条件的额外赔付	等待期内重疾，退还已交保费； 意外或等待期后重疾，给付已交保费、现金价值与基本保额三金取大； 若被保险人在18周岁至61周岁前首次重疾，额外给付60%基本保额

（续表）

与保单年度相关	等待期内重疾，退还已交保费； 意外或等待期后重疾： 第 10 个保单周年日前，给付 120% 基本保额 第 10 个保单周年日起，给付基本保额
与到达年龄相关	等待期内重疾，退还已交保费； 意外或等待期后重疾，给付已交保费、现金价值与基本保额 × 给付比例三金取大 给付比例：65 周岁保单周年日前、65 周岁保单周年日后分别为 150%、100%
与是否参加运动相关	等待期内重疾，退还已交保费； 意外或等待期后重疾，给付基本保额； 若被保险人在 5 个保单年度内参加指定运动记录平台活动且在 80 周岁及以前重疾，达到运动标准（累计 1 个保单年度内至少有 240 天日步数达到 10000 步或日步数达到 7000 步且活动卡路里达到 450 千卡），额外给付基本保额 × 运动达标给付比例
与患轻症等病史相关	等待期内重疾，退还已交保费； 意外或等待期后重疾，给付基本保额 若被保险人在 70 周岁保单周年日前： 患 1 次轻症后重疾，额外给付 10% 基本保额； 患 2 次轻症后重疾，额外给付 20% 基本保额； 患 3 次轻症后重疾，额外给付 30% 基本保额； 患 4 次轻症后重疾，额外给付 40% 基本保额； 患 5 次轻症后重疾，额外给付 50% 基本保额； 患 6 次轻症后重疾，额外给付 60% 基本保额； 若被保险人在 70 周岁保单周年日前，患中症后重疾，额外给付 20% 基本保额
保额递增	等待期内重疾，退还已交保费； 意外或等待期后重疾，给付有效保额 有效保额：［1.066^（保单年度 –1）］× 基本保额，给付上限为 2 倍基本保额

（二）中症

中症责任，即被保险人罹患合同中所列的中症疾病，得到中症疾病保险金的赔付。中症的赔付标准介于重症和轻症之间，赔付额度一般为50%—60% 基本保额。

1. 中症病种数量

2022 年统计的重疾险产品，中症病种数量范围在 10—36 种之间，平均水平由 2021 年的 18 种增长到 19 种。2022 年中症数量在 20 种之上的比例为 57%，相比 2021 年（49%）有显著增加。

2. 中症分组和赔付次数

2022年统计的重疾险产品，99%包含中症责任的产品不分组（见表5），96% 包含中症责任的产品为多次赔付。其中 2 次给付最为常见，比例为44%。此外，95% 的中症多次赔付产品无时间间隔，少数产品规定赔付间隔为 90 天或 180 天（见表 7）。

表 5　重疾险产品中症分组统计

中症分组	比例		变化趋势
	2021 年	2022 年	
3 组	1%	1%	→
4 组	1%	—	—
不分组	98%	99%	↑

表 6　重疾险产品中症赔付次数统计

中症赔付次数	比例		变化趋势
	2021 年	2022 年	
1 次	11%	5%	↓
2 次	64%	44%	↓
3 次	16%	37%	↑
5 次（与轻症共享）	2%	4%	↑
5 次	3%	3%	→
6 次	1%	2%	↑
其他	3%	4%	↑

表 7　重疾险产品中症赔付时间间隔统计

中症赔付时间间隔	比例		变化趋势
	2021 年	2022 年	
90 天	2%	4%	↑
180 天	2%	1%	↓
365 天	1%	—	—
无	95%	95%	→

3. 中症赔付方式

2022 年含中症责任的重疾产品比例较 2021 年进一步上升，由 76% 增加至 79%。大多数产品中症责任设置较为简单，一般为“等待期内中症，退还已交保费（或不承担中症责任，合同继续有效），意外或等待期后中症，给付一定比例的基本保额”，给付比例通常为 50%—70%，个别产品设置中症责任赔付可高达 75% 甚至 80%，具体举例见表 8。

表 8　重疾险产品中症赔付方式举例

与罹患中症次数相关	等待期内中症，退还已交保费； 意外或等待期后中症： 首次，给付 40% 基本保额； 第二次，给付 45% 基本保额； 第三次，给付 50% 基本保额
附加一定条件的额外赔付	等待期内中症，退还已交保费； 意外或等待期后中症，首次至第三次，给付 60% 基本保额； 若被保险人在 60 周岁保单周年日前首次确诊中症，额外给付 25% 基本保额
与是否参加指定运动相关	等待期内中症，退还已交保费； 意外或等待期后中症，首次至第二次，给付 60% 基本保额； 若被保险人在 5 个保单年度内参加指定运动记录平台活动，达到运动标准（累计 1 个保单年度内至少有 240 天日步数达到 10000 步或日步数达到 7000 步且活动卡路里达到 450 千卡），额外给付 60% 基本保额 × 运动达标给付比例
有最高保障年龄限制	等待期内中症，退还已交保费； 意外或等待期后中症，给付 50% 基本保额，保障至 88 周岁
中症责任翻倍	等待期内中症，退还已交保费； 意外或等待期后中症，首次至第二次，给付 60% 基本保额； 若被保险人在 18 周岁前投保，25 周岁前中症，额外给付 60% 基本保额，累计给付 2 次为限

（三）轻症

轻症责任，即被保险人罹患合同中所列的轻症疾病，得到轻症疾病保险金赔付。轻症责任的赔付额度一般为 20%—50% 基本保额。其定义相对宽松，更容易达到理赔要求，可以作为重症责任的有力补充。

1. 轻症病种数量

2022 年市场上的重疾险产品，轻症病种数量范围在 3—60 种之间，平均水平为 39 种，与 2021 年保持一致。2022 年轻症数量在 50 种之上的产品比例为 10%，2021 年该比例为 17%。整体来说，轻症病种数量与 2021 年相比呈下降态势。

2. 轻症分组和赔付次数

2022 年统计的重疾险产品中，99% 包含轻症责任的产品不分组（见表 9），97% 包含轻症责任的产品为多次赔付。其中 3 次给付最为常见，比例为 44%（见表 10）。此外，95% 的轻症多次赔付产品无时间间隔，少数产品规定赔付间隔为 90 天、180 天甚至一年（见表 11）。

表 9　重疾险产品轻症分组统计

轻症分组	比例		变化趋势
	2021 年	2022 年	
5 组	1%	1%	→
6 组	1%	1%	→
不分组	98%	99%	↑

表 10　重疾险产品轻症赔付次数统计

轻症赔付次数	比例		变化趋势
	2021 年	2022 年	
1 次	4%	3%	↓
2 次	4%	—	—
3 次	51%	44%	↓
4 次	16%	13%	↓

（续表）

轻症赔付次数	比例		变化趋势
	2021 年	2022 年	
5 次	14%	23%	↑
5 次（与中症共享）	1%	4%	↑
6 次	8%	11%	↑
其他	2%	4%	↑

表 11　重疾险产品轻症赔付时间间隔统计

轻症赔付时间间隔	比例		变化趋势
	2021 年	2022 年	
90 天	3%	4%	↑
180 天	2%	1%	↓
无	93%	95%	↑
其他	2%	—	—

3. 轻症赔付方式

2022 年市场上的重疾险产品，大多数产品轻症责任设置较为简单，通常为“等待期内轻症，退还已交保费（或不承担轻症责任，合同继续有效）；意外或等待期后轻症，给付一定比例的基本保额”，给付比例通常为 20%—50%。此外，约 64% 的产品轻症责任等待期内退还已交保费且终止合同；剩余产品仅终止部分或全部轻症责任，不终止合同。

轻症责任设置较复杂的产品，赔付额度会受到罹患轻症次数、是否参加指定运动等因素影响。此外，极少数产品轻症责任设置年龄限制，且出现产品一定年龄前轻症责任翻倍，赔付额度等同于其他产品的中症责任，具体举例见表 12。

表 12　重疾险产品轻症赔付方式举例

与罹患轻症次数相关	等待期内轻症，不承担保险责任，该一种或多种轻症责任终止，其余轻症责任继续有效，合同继续有效； 意外或等待期后轻症： 首次，给付30%基本保额； 第二次，给付38%基本保额； 第三次，给付48%基本保额； 第四次，给付57%基本保额； 第五次，给付66%基本保额； 第六次，给付75%基本保额
附加一定条件的额外赔付	等待期内轻症，不承担保险责任，轻症及轻症豁免责任终止，合同继续有效； 意外或等待期后轻症，首次至第五次，给付30%基本保额； 若被保险人在第30个保单周年日前首次轻症，额外给付10%基本保额
与是否参加指定运动相关	等待期内轻症，退还已交保费； 意外或等待期后轻症，首次至第三次，给付30%基本保额； 若被保险人在5个保单年度内参加指定运动记录平台活动，达到运动标准（累计1个保单年度内至少有240天日步数达到10000步或日步数达到7000步且活动卡路里达到450千卡），额外给付30%基本保额×运动达标给付比例
有最高保障年龄限制	等待期内轻症，退还已交保费； 意外或等待期后轻症，首次至第三次，给付30%基本保额，保障至88周岁
轻症责任翻倍	等待期内轻症，退还已交保费； 意外或等待期后轻症，首次至第五次，给付30%基本保额； 若被保险人第15个保单周年日前轻症，额外给付30%基本保额，累计给付5次为限

（四）特定重疾

特定重疾责任，即被保险人罹患合同中所列的特定重疾，得到特定重疾保险金的赔付。特定重疾的赔付一般在重症赔付的基础上额外一定比例的基本保额，相当于特定重疾可以获得更高额度的赔偿。2022 年统计的重疾险产品，特定疾病额外给付比例通常为 50%—100%，个别产品设置特定重疾责任额外赔付可高达 150% 甚至 200%。

1. 特定重疾病种数量

2022 年统计的重疾险产品，特定重疾病种数量范围在 1—30 种。

2. 特定重疾赔付方式

2022 年统计的重疾险产品，特定重疾病种的责任设置一般为“意外或等待期后特定重疾，满足某条件限制，额外给付一定比例的基本保额”，具体举例见表 13。

表 13　重疾险产品特定重疾赔付方式举例

有保障年龄限制	意外或等待期后： 18 周岁前少儿特定重疾，额外给付 50% 基本保额； 18 周岁后且 60 周岁前男性 / 女性特定重疾，额外给付 50% 基本保额； 60 周岁后老年特定重疾，额外给付 50% 基本保额
与罹患病种相关	意外或等待期后： 少儿特定重疾，额外给付 120% 基本保额； 少儿罕见重疾，额外给付 200% 基本保额
与是否参加指定运动相关	意外或等待期后，60 周岁及以前首次重疾为特定心脑血管重疾，额外给付 50% 基本保额； 若被保险人在 5 个保单年度内参加指定运动记录平台活动且在 60 周岁及以前特定心脑血管重疾，达到运动标准（累计 1 个保单年度内至少有 240 天日步数达到 10000 步或日步数达到 7000 步且活动卡路里达到 450 千卡），额外给付基本保额 × 运动达标给付比例 运动达标给付比例： 第 1 个保单年度，0%； 第 2 个至第 6 个保单年度，若上年度达标增加 5%； 第 7 个保单年度起不再变化，最高 25%

（续表）

与患轻症数量相关	意外或等待期后： 少儿特定重疾，给付基本保额； 若被保险人在 70 周岁保单周年日前： 患 1 次轻症后少儿特定重疾，额外给付 10% 基本保额； 患 2 次轻症后少儿特定重疾，额外给付 20% 基本保额； 患 3 次轻症后少儿特定重疾，额外给付 30% 基本保额； 患 4 次轻症后少儿特定重疾，额外给付 40% 基本保额； 患 5 次轻症后少儿特定重疾，额外给付 50% 基本保额； 患 6 次轻症后少儿特定重疾，额外给付 60% 基本保额； 若被保险人在 70 周岁保单周年日前，患中症后少儿特定重疾，额外给付 20% 基本保额； 高费用特定重疾，额外给付 50% 基本保额

（五）身故和全残

身故（全残）责任，即被保险人身故（全残），得到身故（全残）保险金赔付。

2022 年统计的重疾险产品中，约 89% 的产品包含身故责任，其中身故返保额的重疾险比例为 79%。身故责任设置一般为“等待期内身故，退还已交保费；意外或等待期后身故：18 周岁前，退还已交保费；18 周岁后，给付基本保额”。

2022 年统计的重疾险产品中，约 62% 的产品包含全残责任。全残责任一般随身故责任出现，且绝大多数产品责任设置与身故责任相同。

（六）终末期疾病

终末期疾病责任，即被保险人的病情已经无法治疗或缓解，且将导致被保险人在未来 6 个月内死亡，被保险人因此得到终末期疾病保险金赔付。重疾险产品可以通过 2 种方式包含终末期疾病责任。一种为显性方式，保险责任中包括终末期疾病责任项，给付终末期疾病保险金；另一种为隐性方式，终末期疾病属于重大疾病的范畴，给付重大疾病保险金。对于显性包含终末期疾病责任项的产品，绝大部分的终末期疾病责任设置与身故责任相同。

在 2022 年，含终末期疾病责任（显性方式）的产品比例为 15%，含终末期疾病责任（隐性方式）的产品比例为 2%。

（七）保费豁免

保费豁免责任，即交费期内，投保人或被保险人若发生合同里规定的保险事故，保险公司将豁免投保人尚未缴纳的保险费，但保险合同依然有效。

以轻症豁免为例，当被保险人在交费期间发生合同中所列的轻症后，不用再交之后的保费。但保险合同依然有效，未来若发生合同里所列的重症或者其他保险事故，可以得到相应的赔偿。保险公司提供本项利益责任的成本相对较高。

重疾险的主要保费豁免责任包含：被保险人轻症豁免、被保险人中症豁免和被保险人重症豁免，大多直接体现在主险合同里。而投保人相关的豁免责任，如投保人轻症豁免、投保人全残豁免、投保人身故豁免、投保人中症豁免和投保人重症豁免，大多体现在单独的附加险中。表14为2022年重疾险中主要豁免责任所占比例。

表14　重疾险产品主要豁免责任出现比例

豁免责任	比例		变化趋势
	2021年	2022年	
被保险人轻症豁免	77%	75%	↓
被保险人中症豁免	69%	72%	↑
被保险人重症豁免	49%	55%	↑

（八）其他疾病责任

重疾险产品的责任愈加丰富与复杂，除本分报告上述责任，2022年统计的重疾险产品还涉及如下责任：癌症多次给付责任、特定心脑血管疾病相关责任、重疾陪护金责任、独立生活能力丧失责任和糖尿病并发症相关责任等，具体举例见表15。

表15　重疾险产品其他疾病责任赔付方式举例

癌症多次给付责任	首次重疾（恶性肿瘤——重度）确诊3年后再次确诊恶性肿瘤——重度，给付基本保额； 首次重疾（非恶性肿瘤——重度）确诊1年后确诊恶性肿瘤——重度，给付基本保额； 前项恶性肿瘤——重度确诊3年后再次确诊恶性肿瘤——重度，给付基本保额； 恶性肿瘤——重度状态：新发、复发、转移、持续存在

（续表）

特定心脑血管疾病相关责任	特定心脑血管疾病确诊 3 年后再次确诊同种特定心脑血管疾病，给付基本保额 特定心脑血管疾病：较重急性心肌梗死、冠状动脉搭桥术（或称冠状动脉旁路移植术）、严重脑炎后遗症或严重脑膜炎后遗症、心脏瓣膜手术、严重原发性帕金森病、严重运动神经元病、主动脉手术、严重心肌病、肺源性心脏病、严重冠心病、严重心肌炎、Ⅲ度房室传导阻滞
重疾陪护金责任	重大疾病陪护保险金 25 周岁保单周年日前重疾，每月给付 2000 元，至多给付 10 个月，若 10 个月内身故，一次性给付剩余陪护金； 少儿特定重疾陪护保险金： 25 周岁保单周年日前少儿特定重疾，每月给付 2000 元，至多给付 10 个月，若 10 个月内身故，一次性给付剩余陪护金； 中症疾病陪护保险金： 25 周岁保单周年日前中症，每月给付 2000 元，至多给付 3 个月，若 3 个月内身故，一次性给付剩余陪护金； 轻症疾病陪护保险金： 25 周岁保单周年日前轻症，每月给付 2000 元，至多给付 3 个月，若 3 个月内身故，一次性给付剩余陪护金；轻症疾病陪护保险金累计给付 6 次为限
独立生活能力丧失责任	等待期内首次发病造成导致扩展性独立生活能力丧失，退还已交保费； 意外或等待期后重疾首次发病造成导致扩展性独立生活能力丧失，给付已交保费、基本保额、现金价值三金取大
糖尿病并发症相关责任	等待期内糖尿病特定并发疾病，退还已交保费； 意外或等待期后，75 周岁前糖尿病特定并发疾病，额外给付基本保额 糖尿病特定并发疾病：双目失明、失去一肢及一眼、多个肢体缺失、胰腺移植、因器官功能衰竭实施的肾脏异体移植

二、免责条款

重疾险的免责条款较为规范，2022年统计的重疾险产品的免责数量在7条至10条之间，平均免责数量为9条。重疾责任的免责条款通常是在身故责任免责条款的基础上增加先天性疾病和艾滋病（见表16）。

表16　重疾险产品常见面责任条款情况统计

免责条款		比例		变化趋势
		2021年	2022年	
1	投保人对被保险人的故意杀害、故意伤害	100%	100%	→
2	被保险人故意犯罪或者抗拒依法采取的刑事强制措施	100%	100%	→
3	被保险人在本合同成立日或最后复效日（以较迟者为准）起两年内自杀，但被保险人自杀时为无民事行为能力人的除外	94%	98%	↑
4	被保险人主动服用、吸食、注射毒品	100%	99%	↓
5	被保险人酒后驾驶，无合法有效驾驶证驾驶，或驾驶无有效行驶证的机动车	100%	100%	→
6	核爆炸、核辐射或核污染	96%	100%	↑
7	战争、军事冲突、暴乱或武装叛乱	96%	100%	↑
8	被保险人患先天性畸形、变形或染色体异常以及上述疾病的并发症	100%	100%	→
9	被保险人患艾滋病（AIDS）或感染艾滋病病毒（HIV）及并发症	100%	100%	→

三、普通条款

（一）投保年龄

2022 年统计的重疾险产品的投保年龄范围为 0—80 周岁。最低投保年龄以 0 周岁为主，比例与 2021 年持平；此外，2022 年产品中新增以 30 周岁作为最低投保年龄的情况（见表 17）。

最高投保年龄方面，以 17 周岁作为最高投保年龄的比重从 2021 年的 18% 增至 2022 年的 28%；55 周岁占比则由 16% 增至 28%，增幅较大（见表 18）。由此可见 2022 年面向未成年与中青年群体的重疾险产品占比有所增加。

表 17　重疾险产品最低投保年龄统计

最低投保年龄	比例		变化趋势
	2021 年	2022 年	
0 周岁	84%	84%	→
18 周岁	8%	9%	↑
30 周岁	—	2%	—
没有明确	6%	5%	↓

表 18　重疾险产品最高投保年龄统计

最高投保年龄	比例		变化趋势
	2021 年	2022 年	
17 周岁	18%	28%	↑
50 周岁	6%	3%	↓
55 周岁	16%	28%	↑
60 周岁	33%	17%	↓
65 周岁	14%	14%	→

（续表）

最高投保年龄	比例		变化趋势
	2021 年	2022 年	
70 周岁	5%	3%	↓
没有明确	6%	5%	↓
其他	2%	—	—

（二）保险期间

重疾险产品可分为消费型、终身型、定期型三大类。消费型重大疾病保险的保险期间为 1 年。终身型重大疾病保险在人生任何时段发生保单规定的责任都可以赔偿。定期型重大疾病保险的保险期间比较多样化，一般分为两种：固定年份和固定年龄。2022 年统计的重疾险产品以终身型居多，比例为 71%（见表 19）。

重疾定期型产品的固定年份以 30 年 /20 年 /10 年为主，固定年龄以至 70 周岁 / 至 65 周岁 / 至 60 周岁为主。

表 19　重疾险产品保险期间统计

重疾保险期间	比例		变化趋势
	2021 年	2022 年	
终身	77%	71%	↓
定期——固定年份	11%	14%	↑
定期——固定年龄	10%	14%	↑

（三）交费方式

重疾险的交费方式一般分为三种：趸交、年交和交至固定年龄。2022

年统计的重疾险产品中，38% 的产品提供趸交的方式，90% 的产品提供年交方式，3% 的产品提供交至固定年龄的方式。此外，在年交方式中，最为常见的设置为 10 年 /20 年 /30 年交。

（四）犹豫期

2022 年统计的重疾险产品犹豫期设置无显著变动（见表 20）。

表 20　重疾险产品犹豫期统计

犹豫期	比例		变化趋势
	2021 年	2022 年	
15 天	96%	92%	↓
16 天	—	6%	—
20 天	4%	1%	↓

（五）等待期

2022 年统计的重疾险产品，等待期设置多为 90 天或 180 天，比例分别为 50% 和 49%。

表 21　重疾险产品等待期统计

等待期	比例		变化趋势
	2021 年	2022 年	
90 天	74%	50%	↓
180 天	25%	49%	↑
没有明确	—	1%	—

四、产品比较分析

重疾险作为一类健康保险，与寿险相比责任设置较为复杂，因此在产品对比中不能简单地依靠价格来体现产品真实的性价比。

本节抽取 3 款报备于 2022 年的终身型重大疾病保险，并对其费率及评级情况进行详细说明。以 30 岁男性、交费期 20 年为例，产品对比结果见表 22。

表 22　终身型重疾险产品对比

产品	千元保额费率	价格评级	综合评级	责任名称	责任内容
产品 A	28.10	★★★	★★★★	身故或全残责任	等待期后，18 周岁前，退还已交保费； 18 周岁后，给付已交保费、现金价值与基本保额三金取大
				重疾责任	120 种 /1 次 / 基本保额
				中症责任	20 种 /1 次 /50% 基本保额
				轻症责任	40 种 /6 次 /25% 基本保额
				中症、轻症豁免	—
产品 B	28.95	★★★★	★★★	身故或全残责任	等待期后，18 周岁前，给付已交保费与现金价值两金取大； 18 周岁后，给付基本保额
				重疾责任	110 种 /1 次 / 基本保额
				中症责任	25 种 /2 次 /60% 基本保额
				轻症责任	50 种 /3 次 /30% 基本保额
				重症、中症、轻症豁免	—

（续表）

产品	千元保额费率	价格评级	综合评级	责任名称	责任内容
产品 B	28.95	★★★★	★★★	重大疾病责任复原保险金（可选）	60 周岁前，首次确诊重疾 3 年后再次确诊其他重疾，给付 80% 基本保额
				疾病关爱保险金（可选）	意外或等待期后且 60 周岁前： 首次确诊中症，额外给付 20% 基本保额； 首次确诊重疾，额外给付基本保额
产品 C	27.8	★★★★★	★★★★	身故或全残责任	等待期后，18 周岁前，给付已交保费与现金价值两金取大； 18 周岁后，给付已交保费、现金价值与基本保额三金取大
				重疾责任	110 种 /1 次 / 已交保费、现金价值与基本保额三金取大
				中症责任	25 种 /2 次 /60% 基本保额
				轻症责任	50 种 /3 次 /30% 基本保额
				特定重疾责任	30 周岁前特定重疾，额外给付基本保额
				重症、中症、轻症豁免	—
				第二次重大疾病保险金	60 周岁前，首次确诊重疾 1 年后再次确诊其他重疾，给付基本保额 × 给付比例 给付比例：第二次重疾确诊日距首次确诊日 1—2 年、2—3 年、3—4 年、4—5 年、满 5 年，分别为 20%、40%、60%、80%、100%

（续表）

产品	千元保额费率	价格评级	综合评级	责任名称	责任内容
产品C	27.8	★★★★★	★★★★	重度恶性肿瘤额外保险金（可选）	二、三次确诊恶性肿瘤——重度给付基本保额
				重大疾病关爱金（可选）	意外或等待期后且60周岁前：第5个保单周年日前首次确诊重疾，额外给付80%基本保额；第5个保单周年日后首次确诊重疾，额外给付基本保额

上表中的3款重疾险产品均包含身故或全残责任和重/中/轻症责任，但具体保障责任内容均存在一定差异。首先，从价格方面来看，产品B和产品C都属于中小型公司的互联网产品，其中产品C的责任保障更为全面且价格较低，因此价格评级为5星。产品A为某大型公司于非互联网渠道上市的产品，保障责任更为简单，但价格仍高于产品C，因此价格评级只有3星。

由上述对比可见，产品B与产品C价格较相近，保障责任都较为全面又各有亮点，难以直接判断性价比情况。在这类情况下可以参考我们通过精算建模得到的综合评级（产品B和产品C分别为3星和4星），该评级体系不仅考虑到产品的责任是否与价格对等，同时还综合考虑了公司的管理水平、服务水平、风控水平等方面的结果，体现了产品的综合水平，因此产品C的总体性价比更优于产品B。

分报告四
2022 年年金保险产品数据统计

《分报告四——2022 年年金保险产品数据统计》的分析数据均来自市场公开信息，如产品条款，产品费率等。本分报告以下的统计分析结果基于 170 款报备年度为 2022 年的年金保险产品。

年金保险产品根据是否针对老龄群体提供保障，可分为普通年金和养老年金。2022 年统计的年金保险产品中，养老年金的占比为 51%，同比增长 15%。

一、保险责任

年金保险的责任设置通常以生存给付为主，身故（或全残）赔偿为辅[①]。

---

① 2022 年仅 5% 的年金保险涉及全残责任，且其给付同身故。

（一）身故责任

普通年金和养老年金在身故（或全残）责任中的给付设置有所不同。普通年金方面，身故给付以“已交保费和现金价值两金取大”责任为主，占比相较于 2021 年有所上升；此外，“年金领取日前后进行责任划分”①的身故设置占比显著减少。养老年金方面，2022 年相较于 2021 年变化较为明显，责任设置趋于统一。具体来看，“已交保费和现金价值两金取大”的身故给付方式占比增加，按照年金领取日前后的身故给付进行划分的产品占比 64%。具体见表 1。

表 1　年金保险产品身故责任主要给付方式统计②

产品类型	身故责任给付内容	比例		变化趋势
		2021 年	2022 年	
普通年金	已交保费和现金价值两金取大	78%	88%	↑
	年金领取日前后进行责任划分	19%	4%	↓
	退还已交保费	2%	1%	↓
	其他	—	7%	—
养老年金	已交保费和现金价值两金取大	19%	44%	↑
	年金领取日前后进行责任划分	80%	64%	↓
	其他	2%	1%	↓

① 以年金领取日为分水岭，领取日前身故一般为给付已交保费与现金价值两金取大，领取日后身故一般为给付未领取保证年金或其他形式。

② 受报告结构优化、产品分类调整的影响，本报告中 2021 年的数据与上一年报告中的数据有所不同。且受分项统计过程中四舍五入的影响，本表加和与 100% 略有差别。

（二）年金责任

1. 普通年金责任

在保险条款中，通常以“生存年金”“生存保险金”和“年金”三种名称出现。该项责任一般从某个保单周年日或特定年龄起，给付被保险人一定数额的生存保险金，给付期限包含定期和终身给付，起到平滑各个年龄段收入，规避经济波动风险，保全资产的作用。

2. 养老金责任

在保险条款中，此类责任项除了被称为“养老金”外，还可能被命名为“关爱金”“呵护金”和“祝福金”等。该项责任应在高龄（退休年龄或60周岁附近）开始集中持续给付，其能够在被保险人处于低收入或无收入状态时为被保险人提供生活保障。

3. 教育金责任

在保险条款中，通常以“教育金”“深造金”和“成长金”等与教育相关的名称出现。作为教育金产品，该项责任在设置时应仅在14—28周岁的教育年龄段集中给付。由于年金保险具有强制储蓄的功能，被打上“教育”标签的年金能有效做到专款专用，避免其他消费侵占教育资金，防范风险，给成长阶段的青少年提供资金保障。

4. 特定生存年金责任

该项责任仅在某一约定的保单周年日或被保险人约定年龄给付一定数额的年金。在条款中有时表现为“学业有成金”“成家立业金”“祝寿金”和“特别关爱金”等。

5. 满期金责任

被保险人生存至合同期满时的单次给付责任。需要注意的是，如果满期金的金额设置过高，会直接稀释教育金和养老金这类核心年金责任领取期的领取金额。

由表2可知，与2021年相比，教育金、养老金、特定生存年金的占比变动幅度较小，其中养老金责任占比达52%。普通年金占比进一步下降至42%，同时，满期金占比显著提升，为46%。这一方面表明产品责任的设置更为具体，由领取时段针对性较弱的普通年金责任向教育金、养老金等领取时段较为集中、保障功能目的性更强的责任转移；另一方面也反映出随着预期寿命的提高，消费者对于满期金责任的关注度在上升，保险公司也可通过此项责任的设置丰富产品内涵，增加产品的吸引力。

表2　年金保险产品责任统计

保险责任	比例		变化趋势
	2021年	2022年	
普通年金	52%	42%	↓
养老金	47%	52%	↑
教育金	6%	8%	↑
特定生存年金	25%	21%	↓
满期金	36%	46%	↑

二、免责条款

年金保险通常仅针对身故（或全残）保障责任设置免责条款，由于其杠杆率较低，免责条款的具体内容和数量一般不会影响消费者的选择。

由表 3 可知，7 条身故免责条款数量依旧是年金产品的主流选择。相较于 2021 年，2022 年统计的年金保险产品中，3 条免责的产品比例继续上升，4—6 条免责的产品比例基本保持稳定，7 条免责的产品比例则呈现较为明显的下降。总体上，2022 年年金保险身故免责条款平均数量有所下降，呈现以主要免责为核心的趋势。

表 3 年金保险产品免除责任比例统计

身故免责条款数量	比例		变化趋势
	2021 年	2022 年	
2 条	—	5%	—
3 条	24%	38%	↑
4 条	2%	—	—
5 条	6%	8%	↑
6 条	—	1%	—
7 条	63%	43%	↓
8 条	2%	3%	↑
9 条	2%	2%	→

2022 年统计的年金保险产品常见的 8 条免责条款出现的比例及其变化趋势如表 4 所示。

表 4 年金保险产品免除责任条款统计

免责条款		比例		变化趋势
		2021 年	2022 年	
1	投保人对被保险人的故意杀害、故意伤害	100%	100%	→
2	被保险人故意犯罪或者抗拒依法采取的刑事强制措施	100%	100%	→

（续表）

免责条款		比例		变化趋势
		2021 年	2022 年	
3	被保险人在本合同成立日或最后复效日（以较迟者为准）起两年内自杀，但被保险人自杀时为无民事行为能力人的除外	98%	95%	↓
4	被保险人主动服用、吸食、注射毒品	75%	55%	↓
5	被保险人酒后驾驶，无合法有效驾驶证驾驶，或驾驶无有效行驶证的机动车	72%	54%	↓
6	核爆炸、核辐射或核污染	67%	50%	↓
7	战争、军事冲突、暴乱或武装叛乱	67%	50%	↓
8	被保险人未遵医嘱，私自服用、涂用、注射药物	3%	3%	→

三、普通条款

（一）投保年龄

2022 年统计的年金保险产品中最小投保年龄为 0 周岁①，最高投保年龄为 85 周岁。与 2021 年相比，2022 年养老年金保险产品的投保年龄区间类型更为丰富。最低投保年龄仍主要集中在 0 周岁，新增 18/20/30/35/50 周岁，但占比均较低。最高投保年龄在 51—60 周岁的产品显著降低，而在 60—80 周岁的覆盖高年龄段产品比例有所上升。具体见表 5 和表 6。

① 含 5 天、7 天、28 天、30 天或 0 周岁等，下同。

表 5　养老年金保险产品最低投保年龄统计

最低投保年龄	比例		变化趋势
	2021 年	2022 年	
0 周岁	89%	79%	↓
18 周岁	—	5%	—
20 周岁	—	1%	—
30 周岁	—	1%	—
35 周岁	—	1%	—
50 周岁	—	2%	—
51 周岁	2%	—	—
52 周岁	2%	1%	↓
55 周岁	3%	1%	↓
60 周岁	2%	—	—
没有明确	2%	8%	↑

表 6　养老年金保险产品最高投保年龄统计

最高投保年龄	比例		变化趋势
	2021 年	2022 年	
50 周岁及以下	5%	6%	↑
51—60 周岁	43%	15%	↓
61—70 周岁	35%	51%	↑
71—80 周岁	11%	15%	↑
81 周岁及以上	3%	2%	↓
没有明确	3%	8%	↑

（二）交费方式

年金交费方式较为灵活，投保人既可以选择一次性交清，也可以选择按年交费。

由于年金产品交费方式繁多，表 7 仅列出占比较高的主要交费方式。相较于 2021 年，2022 年年金保险的交费方式更加多元化。2022 年，年金保险的交费方式仍以趸交、3 年交、5 年交、10 年交为主，且提供趸交方式的产品数量显著增加。总体来看，交费期间为 20 年及以下的产品占比均有不同程度的上升，而 20 年以上的产品占比有所下降。此外，出现了交费期间为 18 年、19 年的保险产品，还有个别产品分性别设置“女性交费至 55 周岁、男性交费至 60 周岁”的交费方式（因比例较低故未在表 7 中列出）。

表 7　年金保险产品主要交费期间统计

交费方式	比例		变化趋势
	2021 年	2022 年	
趸交	54%	76%	↑
3 年	62%	79%	↑
5 年	65%	75%	↑
10 年	57%	65%	↑
15 年	27%	33%	↑
20 年	26%	32%	↑
25 年	5%	1%	↓
30 年	9%	7%	↓

（三）年金领取

普通年金责任首次领取的时间通常是持有保单后的某个周年日，2022 年统计的年金保险产品的起始领取日大多分布在第 5 个至第 10 个保单周年日之间。

教育金和养老金则以特定年龄为界。教育金的首次领取时间仍以 18 周岁为主，占比 77%，也有个别产品被设计为第 14 或 15 个保单周年日起领取。养老金则分为即期领取和延期领取，即期领取的首次领取时间一般为犹豫期满后次日，延期领取则根据性别为被保险人提供多种选择，男性可选 60/65/70 周岁等，女性可选 50/55/60/65/70 周岁等，部分产品还会同时约定“××周岁后且第 5/6 个保单周年日后”。此外，2022 年市场上 55% 的养老年金约定了保证领取期间，其中有 47% 的产品设置的保证给付期间为 20 年。

投保人在购买养老年金时，除了要选择首次领取年龄外，还需约定年金给付方式。如表 8 所示，年金给付方式以“年付”和“年付 / 半年付 / 季付 / 月付”为主，且与 2021 年相比，2022 年提供“年付 / 半年付 / 季付 / 月付”年金给付方式的产品比例大幅上升，反映着年金产品的灵活度越来越高，方便消费者按照自己的偏好选取适当的领取方式。对于同时有年领和月领两种领取方式的产品，按月领取的金额常设置为年领取额度的 1/11.86、8.4%、8.45% 或 8.5%。

表 8　年金给付方式统计

年金给付方式	比例		变化趋势
	2021 年	2022 年	
年付	48%	41%	↓
月付	1%	—	—
年付 / 月付	49%	3%	↓
年付 / 半年付 / 季付 / 月付	2%	56%	↑

（四）保险期间

年金保险的期间设置有三种：固定年份、固定年龄和终身，其中至100 周岁及以上年龄的保险期间被统计在终身范畴内。

表 9　年金保险产品保险期间统计

保险期间	比例		变化趋势
	2021 年	2022 年	
终身	57%	55%	↓
定期——固定年份	51%	25%	↓
定期——固定年龄	14%	22%	↑

由表 9 可知，相较于 2021 年，2022 年保障期间为终身和固定年份的年金保险产品比例降低，而以固定年龄的方式所占比例有所增加。整体来看，2022 年多数产品的保险期间设置选择“固定年份”和“固定年龄”的其中一种，将两种进行组合的产品占比明显减少。

与 2021 年相比，2022 年保险期间为固定年龄方式的保险产品占比增加了 8 个百分点。总体上，“至 25 周岁”和“至 85 周岁”的占比最高，均为 5%。2022 年的产品中不仅出现了“至 45/50/55/60/65/70 周岁”这样以 5 年为跨度的保险期间，还出现“至 69 周岁”“至 77 周岁”“至 91 周岁”这样较为零碎的保险期间。

固定年份的产品占比降幅较大，下降约 26%，其中最常见的保险期间为 10/15/20 年，比例分别为 8%、11% 与 9%。2022 年的产品中还出现了18 年、22 年、24 年、25 年的保险期间，其中 25 年保险期间的产品占比最高，为5%。此外，2022年固定年份的保险期间中新出现了如“至起始年金领取日后20年”这样与年金起始领取时间相挂钩的保险期间。

（五）犹豫期

2022年统计的年金保险产品中，犹豫期为15天的产品比例略有减少，犹豫期为20天的产品比例小幅上升（见表10）。整体来看，犹豫期呈稳定态势。

表10 年金保险产品犹豫期统计

犹豫期	比例		变化趋势
	2021年	2022年	
10天（通过商业银行投保，犹豫期为15天）	2%	2%	→
10天	1%	—	—
15天	92%	90%	↓
20天	6%	7%	↑
无	—	1%	—

（六）保单贷款

2022年统计的年金保险产品中，90%的产品均可以申请保单贷款，其中，最高贷款金额均为申请时现金价值净额的80%，每次贷款最长期限绝大多数为6个月（180天），仅有1款产品可达12个月。20%的产品有最低贷款金额要求，其中，最低贷款金额为1000元的占比为64%。

分报告五
2022 年万能保险产品数据统计

《分报告五——2022 年万能保险产品数据统计》的分析数据均来自市场公开信息，如产品条款，产品费率等。本分报告以下的统计分析结果基于 32 款报备年度为 2022 年的万能保险产品。

一、万能保险产品特有条款

（一）初始费用

初始费用即保险费进入万能账户之前扣除的费用，初始费用的扣取比例依交费方式而定。市场上万能保险产品的交费方式以趸交、追加、转入和期交为主。一般而言，消费者在投保时需要选择趸交或者期交的交费方式，并在后期可以选择追加、转入的交费方式。

由表 1 可知，2022 年统计的万能保险产品交费方式整体与 2021 年一致。所有产品均提供趸交的交费方式，提供追加和转入方式的产品比例也较高，分别为91%和75%。提供期交方式的产品比例相对较低，仅为3%。

表1　万能保险产品交费方式统计①

交费方式	比例		变化趋势
	2021年	2022年	
趸交	92%	100%	↑
追加	100%	91%	↓
转入	74%	75%	↑
期交	8%	3%	↓

1. 趸交

趸交即一次性交清保费，其初始费用多以一个固定比例扣取。2022年统计的万能保险产品中，扣费比例为1%的产品占比达63%，与2021年相比大幅提升。同时，有22%的产品扣费比例为3%。

少数产品会设置一个分界线，如趸交保费在分界线以上，则收取较低比例的初始费用；如趸交保费低于分界线，则收取较高比例的初始费用。在本次统计的产品中，有1款产品规定“一次交清保险费，若保险费为人民币50000元及以下部分，则初始费用比例为5%；若保险费为人民币50000元以上部分，则初始费用比例为3%”。万能保险产品趸交保费扣费比例统计结果详见表2。

① 由于万能保险产品可以选择多种交费方式，各比例之和会超过100%。

表 2　万能保险产品趸交保费扣费比例统计

趸交保费扣费比例	比例		变化趋势
	2021 年	2022 年	
0.1%	3%	—	—
1%	39%	63%	↑
1.5%	3%	3%	→
2%	22%	9%	↓
3%	33%	22%	↓
5 万以下 5%，5 万以上 3%	—	3%	—

2. 追加

追加保费是相对灵活的交费方式，投保人在保单中选择了变额交费方式后，可在保单年度内随时交纳任意金额的保险费进入投资账户进行投资。

在 2022 年交费方式同时支持趸交和追加的万能保险产品中，84% 的产品趸交保费和追加保费扣费比例一致。由表 3 可知，2022 年统计的万能保险产品追加保费扣费比例情况与 2021 年基本一致，以 1% 和 3% 为主。部分产品会根据是否定期追加设置不同的初始扣费比例，如“定期追加保险费，扣费比例为 1%；不定期追加保险费，扣费比例为 3%”。此外，另有少数产品以累计追加保费的金额为分界，在该金额分界线以下收取较高比例的初始费用，在该金额分界线以上的部分则收取较低比例初始费用，如“保单有效期内累计追加保险费金额不超过 50 万的收取 2% 初始费用，超过 50 万以上的部分收取 1% 初始费用”。

表 3　万能保险产品追加保费扣费比例统计

追加保费扣费比例	比例		变化趋势
	2021 年	2022 年	
0.1%	3%	—	—
1%	33%	41%	↑
1.5%	3%	3%	→
2%	15%	9%	↓
3%	38%	38%	→
50 万以下 2%，50 万以上 1%	—	3%	—
定期追加 1%；不定期追加 3%	8%	6%	↓

3. 转入

转入保费是指从本产品或其他产品的保险金给付转入万能保险账户。比如年金保险（万能型）产品，待领取的年金就可以选择转入万能保险账户。转入保费的初始费用均以一个固定比例扣取。由表 4 可知，在 2022 年统计的 24 款包含转入交费方式的产品中，8% 的产品扣费比例为 0.5%，88% 的产品扣费比例为 1%，与 2021 年相比，2022 年转入保费的扣费方式更趋于一致。此外，有 1 款产品在条款中明确表示不收取转入保费的初始费用。

表 4　万能保险产品转入保费扣费比例统计

转入保费扣费比例	比例		变化趋势
	2021 年	2022 年	
0.1%	3%	—	—
0.5%	10%	8%	↓
1%	79%	88%	↑

（续表）

转入保费扣费比例	比例		变化趋势
	2021年	2022年	
2%	3%	—	—
3%	3%	—	—
无	—	4%	—

4. 期交

期交保费是指定期缴纳保险费用。由于万能保险产品保费交费方式灵活，所有产品均可追加保费，多数产品可趸交保费，期交保费也可以通过趸交和追加保费组合交费的方式实现，加之期交保费一般前几期扣费比例较高，故仅有少数产品在条款中包含了期交保费的交费方式。2022年统计的万能保险产品中仅有1款产品在条款中包含了期交保费的交费方式，其具体扣费比例情况详见表5。

表5　万能保险产品趸交、期交及追加保费的扣费比例对比统计

产品	期交保费扣费比例	追加保费扣费比例	趸交保费扣费比例
产品A	5%	3%	5万以下5%，5万以上3%

可以看到，产品A的期交交费方式扣费比例大于追加交费方式，并无明显优势。

（二）退保费用

退保费用即保单退保时保险公司收取的费用。万能保险产品的退保费用为其账户价值乘以约定比例。一般而言，保险公司会设置退保费用收取

年限，超过年限时退保不收取费用。同时，在年限内退保或部分领取，费率逐年递减。2022 年统计的万能保险退保费收取年限均为 5 年，相较于 2021 年，退保费用率为“3%/1%/1%/1%/1%”的产品比例有大幅提升，而扣费比例为“5%/4%/3%/2%/1%”的产品比例明显下降。总体来看，万能保险产品退保费用率整体呈下降趋势，且分布相较往年更为集中。具体扣费比例统计结果详见表 6。

表 6　万能保险产品退保费用扣费比例统计

退保费用扣费比例	比例		变化趋势
	2021 年	2022 年	
1%/1%/1%/1%/1%	3%	—	—
2%/1%/1%/1%/1%	3%	—	—
3%/1%/1%/1%/1%	5%	22%	↑
3%/2%/1%/1%/1%	32%	34%	↑
3%/3%/2%/2%/1%	—	3%	—
4%/1%/1%/1%/1%	—	9%	—
4%/3%/2%/1%/1%	3%	6%	↑
5%/3%/1%/1%/1%	5%	—	—
5%/4%/3%/1%/1%	3%	—	—
5%/4%/3%/2%/1%	47%	25%	↓

（三）部分领取费用

部分领取费用类似退保费用，即保单部分领取时保险公司收取的费用。万能保险产品的部分领取费用为部分领取部分对应的保单账户价值乘以约定比例。2022 年统计的万能保险产品的部分领取费用的收取比例和退保费用的收取比例均相同。

（四）保单管理费

保单管理费，即为维护保险合同，保险公司向投保人或被保险人收取的管理费用。《中国保监会关于万能型人身保险费率政策改革有关事项的通知》明确规定："保单管理费应当是一个不受保单账户价值变动影响的固定金额，在保单首年度与续年度可以不同；保险公司不得以保单账户价值一定比例的形式收取保单管理费。"当前市场上绝大多数万能保险产品已不收取保单管理费，但仍然保留保险公司未来收取或调整保单管理费的权利。2022 年统计的万能保险产品中，53% 的产品明确不收取保单管理费用，9% 的产品需收取每月 5 元或 8 元的保单管理费。与 2021 年相比，收取该项费用的产品比例稍有提升。万能保险产品保单管理费用扣费金额比例统计结果详见表 7。

表 7　万能保险产品保单管理费用扣费金额比例统计

保单管理费用	比例		变化趋势
	2021 年	2022 年	
无	60%	53%	↓
5 元 / 月	—	3%	—
8 元 / 月	—	6%	—
10 元 / 月	3%	—	—
没有明确	38%	38%	→

（五）奖励金

为鼓励万能保险产品购买者长期持有保单，或鼓励期交保费保险产品的购买者持续交费，部分保险公司会在持有保单某个年度后按期或一次性给付消费者已交保费、期交保费或账户价值一定比例的金额作为奖励金。本报告从奖励金领取起始时间、奖励基础和奖励方式三个角度来分析万能保险产品奖励金设置。

2022 年统计的万能保险产品中，84% 的产品明确说明了奖励金的领取方式。由表 8 可知，奖励金领取起始时间在第 5 个保单周年日的产品比例为 74%，较 2021 年增幅明显；同时，奖励金领取起始时间为第 6 个保单周年日的产品比例下降。

表 8　万能保险产品奖励金领取起始时间及比例分布表

奖励金领取起始时间	比例		变化趋势
	2021 年	2022 年	
保险期满日	—	7%	—
第 4 个保单年度	3%	—	—
第 5 个保单周年日	65%	74%	↑
第 6 个保单周年日	32%	19%	↓

奖励基础大多为已交保费，具体分为已交保费、累计转入保费、累计追加保费等情况。奖励方式多为奖励基础乘以一个比例，绝大多数为 1%，每年奖励一次。其余产品奖励方式类似，只是在给付基础、给付比例或给付频率方面稍有所不同。

（六）保证利率

保证利率即账户价值最低结算利率。2022 年统计的万能保险产品平均保证利率为 2.39%，且保证利率为 2% 的产品比例由 13% 上升至 28%，保证利率为 2.5% 及以上的产品比例由 80% 下降至 68%。可见，保证利率整体呈减少趋势。万能保险产品保证利率的统计结果见表 9。

表 9 万能保险产品保证利率统计

保证利率	比例		变化趋势
	2021 年	2022 年	
0.5%	3%	—	—
1.75%	3%	3%	→
2%	13%	28%	↑
2.25%	3%	—	—
2.5%	62%	56%	↓
2.85%	5%	3%	↓
3%	13%	9%	↓

二、万能保险产品结算利率分析

根据 2015 年中国保监会下发的《中国保监会关于万能型人身保险费率政策改革有关事项的通知》，保险公司应为万能保险设立一个或多个单独账户，且应当根据万能单独账户资产的实际投资状况确定结算利率，结算利率不得低于最低保证利率。

本报告调查了 73 家保险公司下设的 1930 个万能保险账户。从统计结果来看，2022 年万能保险产品结算利率均值为 3.97%，标准差平均为 0.0886%。2022 年万能保险产品平均收益率分布情况见表 10。

表 10　万能保险产品收益率均值分布

收益率均值分布（R）	比例		变化趋势
	2021 年	2022 年	
5.0% ≤ R<5.5%	1.88%	0.16%	↓
4.5% ≤ R<5.0%	44.33%	27.36%	↓

（续表）

收益率均值分布（R）	比例		变化趋势
	2021 年	2022 年	
4.0% ≤ R<4.5%	18.84%	24.92%	↑
3.5% ≤ R<4.0%	19.06%	23.78%	↑
3.0% ≤ R<3.5%	8.30%	14.35%	↑
2.5% ≤ R<3.0%	7.29%	3.89%	↓
2.0% ≤ R<2.5%	0.07%	5.39%	↑
0.5% ≤ R<2.0%	0.14%	—	—
0<R<0.5%	0.07%	0.16%	↑

由表 10 可知，2022 年万能保险收益率呈进一步下调趋势。在统计的万能保险产品账户中，2022 年度平均结算利率最高为 5.3%，最低为

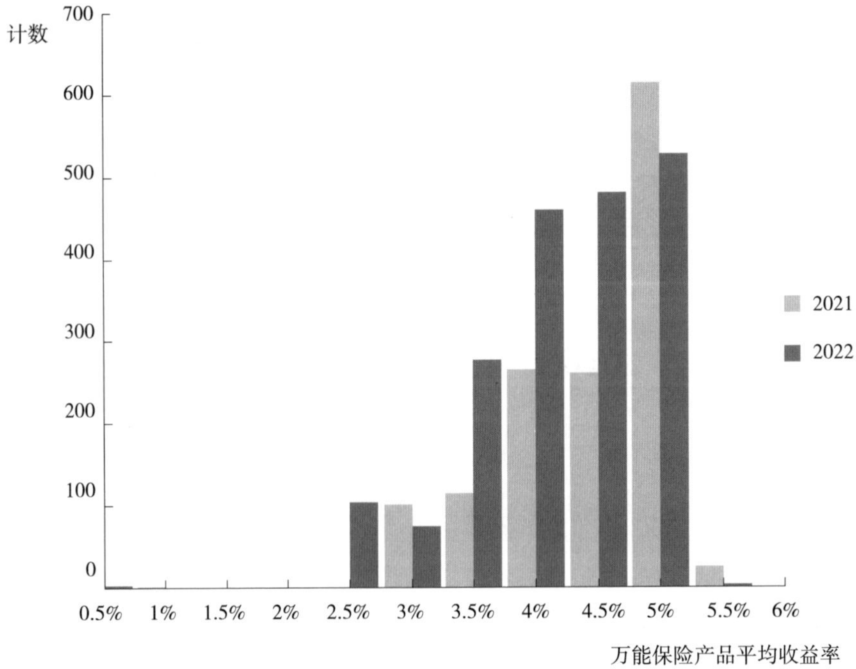

图 1　万能保险产品收益率均值分布对比

0.35%，多数集中在 3.5%—5.0% 的中高收益水平。这一方面由于市场利率长期走低，另一方面是监管部门近年来对万能保险业务严格把控，引导行业加强利差损风险控制。

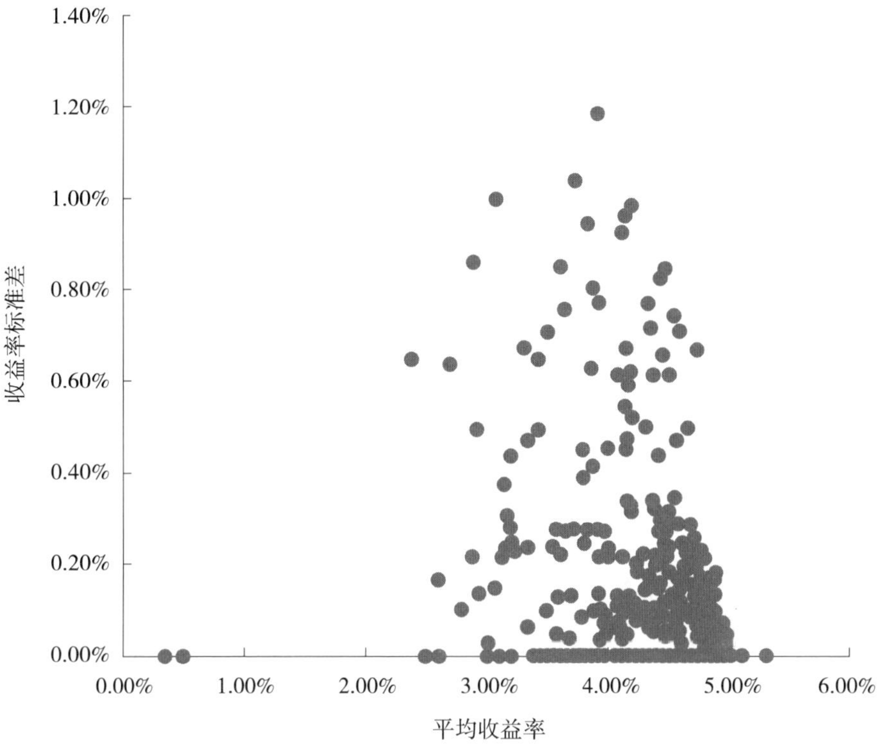

图 2　万能保险产品收益率均值与标准差散点图

图 1 展示了万能保险产品 2022 年收益率均值具体分布情况，可以看到万能保险收益率在 3%—4.5% 区间的占比与 2021 年相比有大幅上升，3.5%—5% 占比较为集中。结合图 2，2022 年各万能保险产品收益率分布较为密集，但同一万能保险产品不同月份间的收益率变动幅度较大，收益率标准差最高达 1.18%。

表 11 统计了各万能保险产品月度年化收益率环比的均值情况，总体上 2022 年各月度均有下调，4—7 月和 9—11 月的环比降幅明显，其中 6 月的收益率平均环比下降 0.92%。

表 11　万能保险产品月度收益率环比统计均值

月份	月度年化收益率变动均值
1 月	–0.19%
2 月	–0.16%
3 月	–0.29%
4 月	–0.53%
5 月	–0.48%
6 月	–0.92%
7 月	–0.50%
8 月	–0.26%
9 月	–0.73%
10 月	–0.60%
11 月	–0.63%
12 月	–0.31%

表 12 以各保险公司万能保险产品账户 2022 年平均收益率为排序标准，展示了前 15 名保险公司的结算利率情况。可以看到，除部分公司各时段平均收益率均维持稳定，其余公司 2022 年全年平均收益率呈显著下调趋势。此外，多数公司“全时间收益率均值”高于“2022 年收益率均值”，表明相较于往年，2022 年度的产品收益率也呈走低趋势。结合收益率标准差分析，各公司的万能保险产品收益率相较于往年波动较大，其中公司 C、公司 F 和公司 N 的离散程度明显。

表 12　万能保险产品所属公司产品收益率均值（年化）排名

名次	公司名称	2022.10—2022.12 收益率均值	2022.07—2022.12 收益率均值	2022 年收益率均值	2022 年收益率标准差	全时间收益率均值
1	公司 A	4.87%	4.87%	4.87%	0	4.87%
2	公司 B	4.70%	4.70%	4.71%	0.05%	4.79%
3	公司 C	4.47%	4.57%	4.68%	0.15%	4.77%
4	公司 D	4.67%	4.68%	4.68%	0.01%	4.79%
5	公司 E	4.67%	4.67%	4.67%	0	4.67%
6	公司 F	4.53%	4.58%	4.62%	0.13%	4.67%
7	公司 G	4.50%	4.53%	4.59%	0.09%	4.74%
8	公司 H	4.53%	4.53%	4.57%	0.04%	4.64%
9	公司 I	4.51%	4.49%	4.54%	0.09%	4.81%
10	公司 J	4.45%	4.46%	4.51%	0.06%	4.64%
11	公司 K	4.40%	4.45%	4.50%	0.07%	4.70%
12	公司 L	4.39%	4.46%	4.50%	0.08%	4.59%
13	公司 M	4.45%	4.45%	4.49%	0.06%	4.63%
14	公司 N	4.30%	4.33%	4.46%	0.19%	4.64%
15	公司 O	4.43%	4.43%	4.42%	0	4.57%

表 13 展示了不同规模公司下设万能保险产品收益率均值。通过分析，排名靠前（即万能保险产品平均收益率较高）的保险公司中，小型公司仍占比较大；而排名靠后（即万能保险产品平均收益率较低）的保险公司中，中型或大型公司所占比例较高。小型公司面对的市场竞争更激烈，投资行为相较更为激进，账户收益率更高；而规模较大的保司偏好相对稳健的投资行为，账户收益率普遍较低。

表 13　三类公司万能保险产品收益率均值

公司类型	2022.10—2022.12收益率均值	2022.07—2022.12收益率均值	2022年收益率均值	2022年收益率标准差	2021年收益率均值	2021年收益率标准差
大型公司	3.86%	3.89%	3.92%	0.08%	4.24%	0.03%
中型公司	3.84%	3.88%	3.96%	0.10%	4.42%	0.05%
小型公司	3.94%	3.98%	4.05%	0.09%	4.28%	0.04%

总体来看，在低利率环境下，由于万能保险产品设有保证利率，且与其他投资产品相比收益相对较高且稳健，总体风险可控。

分报告六
2022 年中端医疗保险产品数据统计

《分报告六——2022 年中端医疗保险产品数据统计》的分析数据均来自市场公开信息，如产品条款，产品费率等。本分报告以下的统计分析结果基于 79 款 2022 年报备的中端医疗保险产品[①]。

一、保险责任

中端医疗保险产品的主要责任为“一般医疗保险责任”，包括住院医疗费用、特殊门诊医疗费用、住院前后门急诊费用等。部分产品在此基础上补充“重大疾病医疗保险责任”或“恶性肿瘤医疗保险责任”，由于重大疾病（恶性肿瘤）所需的医疗费用远高于一般疾病，增加这两种责任可以更好地填补一般医疗保险金的缺口，使保障更加全面。表 1 为中端医疗保险产品主要保险责任的统计结果。

① 本分报告中统计的中端医疗保险产品特指短期中端医疗保险产品。长期医疗保险、高端医疗保险、特定药品费用医疗保险、防癌医疗保险及重大疾病医疗保险等产品不在统计范围内。

表 1　中端医疗保险产品主要保险责任统计

保险责任		比例		变化趋势
		2021 年	2022 年	
一般医疗保险责任	住院医疗费用	100%	100%	→
	特殊门诊医疗费用	97%	100%	↑
	住院前后门急诊费用	94%	96%	↑
重大疾病医疗保险责任		72%	78%	↑
恶性肿瘤医疗保险责任		19%	6%	↓
其他医疗保险责任	特定疾病及手术医疗保险责任	9%	11%	↑
	质子重离子医疗保险责任	59%	61%	↑
	恶性肿瘤特定药品费用医疗保险责任	17%	23%	↑

从表 1 可以看出，统计的中端医疗保险产品责任设置均在一般医疗保险责任的住院医疗费用基础上进行扩展，一般医疗保险责任中的特殊门诊医疗费用和住院前后门急诊费用占比也有所上升。值得注意的是，自 2019 年以来，重大疾病医疗保险责任和质子重离子医疗保险责任的出现比例越来越大，现今已成为中端医疗险的主流责任。特定疾病及手术医疗保险责任和恶性肿瘤特定药品费用医疗保险责任的占比也呈上升趋势。

（一）一般医疗保险责任

一般医疗保险责任指在合同有效期内，被保险人因遭受意外伤害事故或者在等待期后患疾病，经合同约定的医疗机构诊断必须接受治疗，且在约定医疗机构内接受治疗的，按照合同约定承担给付一般医疗保险金的责任。

一般医疗保险责任主要涵盖三大类费用：住院医疗费用、特殊门诊医疗费用及住院前后门急诊费用。

1. 住院医疗费用

指被保险人住院治疗期间实际发生并支付的、合理且必要的住院医疗费用。主要包含床位费（包括医院床位费、重症监护室床位费、加床费）、药品费、治疗费、检查化验费、护理费、诊疗费（医生费）、手术费、膳食费、材料费、器官移植费、救护车使用费等。中端医疗保险产品住院医疗费用各项责任占比统计结果见表2。

表2　中端医疗保险产品住院医疗费用各项责任占比统计

费用项目		比例		变化趋势
		2021年	2022年	
床位费	医院床位费	100%	100%	→
	重症监护室床位费	72%	89%	↑
	加床费	40%	32%	↓
药品费		100%	100%	→
治疗费		99%	95%	↓
检查化验费		99%	100%	↑
护理费		97%	100%	↑
诊疗费（医生费）		89%	90%	↑
手术费		99%	96%	↓
膳食费		99%	90%	↓
材料费		27%	28%	↑
器官移植费		12%	4%	↓
救护车使用费		46%	29%	↓
其他费用		28%	58%	↑

相较于2021年，2022年中端医疗险涵盖的住院医疗费用项目在数量上总体呈增加的趋势，八大类基础费用项目［医院床位费、药品费、治疗费、检查化验费、护理费、诊疗费（医生费）、手术费及膳食费］占比相对稳定。其他费用方面，医疗器械使用费、西式理疗费、冷暖气费用等在2022年中端医疗险中出现频次较多。

特别地，在药品费方面，不同的中端医疗保险产品对于药品费所包含的药品范围规定有较大的差异，具体见表3。

表3　中端医疗保险产品药品费范围占比统计

药品费范围	比例		变化趋势
	2021年	2022年	
不限社保用药	—	5%	—
不限社保用药，但不包括：中草药	10%	3%	↓
不限社保用药，但不包括：美容及减肥类药品，主要起营养滋补作用的中草药，可入药的动物及动物脏器	1%	4%	↑
不限社保用药，但不包括：营养补充类药品，免疫功能调节类药品，美容及减肥类药品，预防类药品，中药类药品	72%	56%	↓
不限社保用药，但不包括：自购药品，非开具处方医生所执业的医院购买的药品，中草药及其炮制的各类酒制剂	6%	—	—
不限社保用药，但不包括：中药类药品（主要起营养滋补作用的单方，复方中药和中成药品；部分可入药的动物脏器；中药材和中药饮片炮制的各类酒制剂等）	9%	5%	↓
不限社保用药，但不包含根据中医药方组合一种或多种中医药材进行内服或外用的中草药药品费	—	18%	—

（续表）

药品费范围	比例		变化趋势
	2021 年	2022 年	
不限社保用药，但不包括：中草药和滋补类药品（主要起营养滋补作用的单方，复方中药和中成药品；部分可入药的动物脏器；中药材和中药饮片炮制的各类酒制剂等）；非病情必须的调节免疫功能的药品以及未经医生处方开具的药品；美容和减肥药品；预防类药品	—	3%	—
其他	2%	6%	↑

2022 年中端医疗保险产品的药品赔付责任表述较为多样，不包含营养补充类、免疫功能调节类、美容及减肥类、预防类和中药类的责任占比达 56%，该比例较往年有所下降。在其余表述中，中草药类药品也多数被排除在保障范围内。

2. 特殊门诊医疗费用

指被保险人以门诊方式接受特殊治疗期间实际发生并支付的合理且必要的门诊医疗费用。其中特殊治疗主要包含门诊肾透析、门诊恶性肿瘤治疗、器官移植后的门诊抗排异治疗及门诊手术。中端医疗保险产品特殊门诊医疗各项目占比统计结果见表 4。

表 4　中端医疗保险产品特殊门诊医疗各项目占比统计

特殊门诊医疗项目	比例		变化趋势
	2021 年	2022 年	
门诊肾透析	100%	94%	↓
门诊恶性肿瘤	88%	81%	↓

（续表）

特殊门诊医疗项目	比例		变化趋势
	2021 年	2022 年	
器官移植后的门诊抗排异	100%	86%	↓
门诊手术费	93%	95%	↑

根据表 4 所示，2022 年含有特殊门诊医疗保险责任的中端医疗险产品基本都涵盖门诊肾透析、门诊恶性肿瘤及器官移植后的门诊抗排异治疗三大项目，但占比均有所下降，其原因在于部分产品仅在重大疾病医疗保险责任下设置特殊门诊医疗责任项目。

门诊恶性肿瘤责任中，95% 以上的产品涵盖化学疗法、放射疗法、肿瘤免疫疗法、肿瘤内分泌疗法、肿瘤靶向疗法五种疗法，个别产品加入电疗、质子重离子疗法等。

3. 住院前后门急诊费用

指被保险人在住院前及出院后若干天内，因与住院相同的原因进行门急诊医疗的费用。对于住院前及出院后的具体保障天数，各中端医疗保险产品的规定有所不同，详见表 5。

表 5　中端医疗保险产品住院前后门急诊保障天数统计

住院前后门急诊保障天数	比例		变化趋势
	2021 年	2022 年	
住院前 7 天，出院后 7 天	8%	—	—
住院前 7 天，出院后 14 天	1%	—	—
住院前 7 天，出院后 30 天	59%	49%	↓
住院前 14 天，出院后 30 天	1%	1%	→

（续表）

住院前后门急诊保障天数	比例		变化趋势
	2021年	2022年	
住院前15天，出院后30天	1%	—	—
住院前30天，出院后30天	29%	50%	↑
住院前30天，出院后60天	2%	—	—

与2021年相比，2022年的中端医疗保险产品中，住院前后门急诊保障天数设为“住院前30天，出院后30天”的比例大幅上升，总体保障天数的设置呈增加趋势。

（二）重大疾病医疗保险责任

指在合同有效期内，若被保险人因遭受意外伤害或在等待期后因意外伤害以外的原因确诊初次发生合同约定的重大疾病（无论一种或多种）必须在医院接受治疗的，对于治疗期间发生的合理且必要的医疗费用，按照约定给付重大疾病医疗保险金。

1. 重疾病种数量

中端医疗保险产品重疾医疗保险责任重疾病种数量统计结果见表6。

表6　中端医疗保险产品重疾医疗保险责任重疾病种数量统计

重疾病种数量	比例		变化趋势
	2021年	2022年	
99种以下	3%	7%	↑
100种	34%	25%	↓
105种	16%	—	—

（续表）

重疾病种数量	比例		变化趋势
	2021 年	2022 年	
108 种	4%	—	—
110 种	9%	13%	↑
111—119 种	6%	10%	↑
120 种	24%	37%	↑
126 种	—	5%	—
130 种	1%	2%	↑
其他	3%	1%	↓

中端医疗保险产品重疾医疗保险责任涵盖的平均重疾病种数量呈逐年快速增长的趋势。在统计的 2022 年含重大疾病医疗保险责任的中端医疗保险产品中，超九成产品包含百种及以上重疾病种，其中，保障 120 种重疾的产品占比较 2021 年有大幅上升。

2. 重疾医疗费用

重大疾病医疗保险责任涵盖的可报销费用范围与一般医疗保险责任相同，主要包括重大疾病住院医疗费用、特殊门诊医疗费用、门诊手术医疗费用及住院前后门急诊费用，且各项费用的具体内容也与一般医疗基本一致。

此外，部分产品针对重大疾病会设置额外给付定额保险金或住院津贴保险金，定额给付金额一般为 5000—30000 元，住院津贴一般为 100—300 元 / 天且每次 / 每年有住院天数上限（常见的设置为“每年不超过 180 天”）。此外，部分产品针对重大疾病会设置额外给付定额保险金或住院津贴保险金，定额给付金额一般为10000—20000元，住院津贴一般为100—500元/天，且通常设有每年住院天数上限，如“每年不超过180天”。

（三）恶性肿瘤医疗保险责任

指在合同有效期内，若被保险人因遭受意外伤害或在等待期后因意外伤害以外的原因初次确诊罹患恶性肿瘤必须在医院接受治疗的，对于治疗期间发生的合理且必要的医疗费用，按照约定给付恶性肿瘤医疗保险金。

在行业重疾新定义发布后，医疗保险中的恶性肿瘤医疗保险责任的病种范围通常仅限于“恶性肿瘤——重度”这一病种，部分产品会扩展“恶性肿瘤——轻度”，极少数将“原位癌”也纳入保障范围。

恶性肿瘤医疗保险责任涵盖的可报销费用范围与一般医疗保险责任也大致相同，包含恶性肿瘤住院医疗费用、特殊门诊医疗费用、门诊手术医疗费用及住院前后门急诊费用。与重大疾病医疗保险责任类似，某些产品也会专门针对恶性肿瘤给付定额保险金或住院津贴，定额给付金额通常为10000元，住院津贴一般为200元/天。

（四）其他医疗保险责任

除上述一般医疗保险责任、重大疾病及恶性肿瘤医疗保险责任外，某些产品还含有一些特殊的其他医疗保险责任，多以医疗险可选责任或可选附加险的形式出现。

1. 质子重离子医疗保险责任

指当被保险人经医院明确诊断罹患合同约定的疾病且需在保险人指

定的医疗机构接受质子治疗、重离子治疗时，保险人对被保险人实际支出的、合理且必要的质子重离子医疗费用进行赔付。

2022年约有61%的中端医疗保险产品含有质子重离子医疗保险责任，与2021年基本持平。在2022年这些产品中，报销比例为100%的产品占比高达95%，仅少部分产品报销60%。中端医疗保险产品质子重离子医疗费用报销比例统计结果见表7。

表7　中端医疗保险产品质子重离子医疗费用报销比例统计

质子重离子费用报销比例	比例		变化趋势
	2021年	2022年	
60%	19%	5%	↓
80%	5%	—	—
100%	76%	95%	↑

2. 恶性肿瘤特定药品费用医疗保险责任

指等待期后，被保险人确诊罹患恶性肿瘤（一般仅赔付初次确诊），对治疗实际发生的必需且合理的特定药品费用，保险人按照约定的给付比例给付恶性肿瘤特定药品费用医疗保险金。

由于恶性肿瘤治疗周期长，药品开销大，一般医疗保险责任保障的药品责任保额有限且无法涵盖社保目录外和需要在院外购买的多数抗癌药。统计的中端医疗保险中约有11%的产品含有该项责任，为恶性肿瘤患者的持续治疗提供较全面的药品保障。

保险人指定的特定药品基本为中国国家药品监督管理局批准且已在

中国上市的靶向药物和免疫治疗药物，以保险公司公布的药品清单为准。2022 年统计的中端医疗保险产品中，特药费用赔付比例多数为 100%，但社保内的药品未用社保购买仅赔付 60%，保额多数为 200 万元或 400 万元；部分产品的保额达到 600 万元，但该保额需与重大疾病医疗保险责任共享。药品数量在 68—148 种。

3. 特定疾病及手术医疗保险责任

指针对某些治疗费用高、治疗难度大的疾病（如恶性肿瘤或良性脑肿瘤、重型再生障碍性贫血等）或手术（如重大器官移植术或造血干细胞移植术、主动脉手术、急性坏死性胰腺炎开腹手术等），在一般医疗保险责任的基础上额外增加一定的保额，或者提供特需医疗保障，为患病的被保险人提供更优质的医疗服务。

这两种方式涵盖的具体医疗费用与一般医疗保险责任基本一致。其中第二种方式与高端医疗保险不同的是，该责任仅对 10 余种特定疾病及手术提供特需服务，而高端医疗保险对所有疾病均提供特需服务。

2022 年统计的中端医疗保险产品中，该责任保额为 200 万元或 400 万元，给付比例为 100%（有社保但未使用社保结算为 60%）。此外，有产品还设置“特定疾病中医门诊医疗保险责任”，单项限额 1 万元，总限额达 200 万元。

4. 其他

在 2022 年统计的中端医疗保险产品中，个别产品中还出现了表 8 中的医疗责任。

表 8　中端医疗保险产品特殊医疗责任统计

责任名称	责任内容
一般门急诊医疗费用	指被保险人在医院门急诊治疗发生的医疗费用，包括：诊疗费、治疗费、检查检验费、药品费、救护车使用费等，与一般医疗保险金共享保额。
意外门急诊医疗保险金	因意外且 180 天内接受门急诊治疗，给付实际发生的医疗费用，包括：挂号费、诊疗费、治疗费、手术费、药品费、检查费等。
重大疾病异地转诊费用保险金	等待期后初次确诊重疾需跨省、自治区、直辖市接受住院治疗所发生的异地转诊公共交通费用及救护车费用按约定比例给付。
特定康复医疗费用保险金	等待期后首次确诊约定特定疾病并接受住院治疗，对被保险人出院后 180 天内再次住院 / 门诊康复治疗发生的住院 / 门诊康复医疗费用按约定比例给付。

（五）赔付标准

中端医疗保险一般均适用医疗费用补偿原则，对被保险人进行符合合同约定的相关治疗产生的费用进行赔付。赔付标准一般是：

医疗保险金 =（被保险人实际支出的符合保险合同相关约定的医疗费用 − 免赔额）× 赔付比例

1. 免赔额

免赔额指在保险合同约定的保险期间内，由被保险人自行承担，保险人不予以赔付的额度。免赔额的设置一方面是为了简化手续，避免多次小额赔款带来的不便，另一方面也是为了加强消费者的防范与预防意识，共担风险。

中端医疗保险产品一般医疗免赔额度统计结果见表 9。

表 9　中端医疗保险产品一般医疗免赔额度统计

一般医疗免赔额度	比例		变化趋势
	2021 年	2022 年	
5000 元	6%	5%	↓
8000 元	5%	4%	↓
8800 元	—	4%	—
1 万元	64%	58%	↓
2 万元	10%	12%	↑
3 万元	2%	—	—
5 万元	2%	—	—
没有明确	7%	10%	↑
其他	4%	7%	↑

在统计的中端医疗保险产品中，一般医疗费用免赔额多数设置为 1 万元，重大疾病或恶性肿瘤医疗费用无免赔额。根据表 9 所示，2022 年的中端医疗保险中 1 万元免赔额度的产品比例与 2021 年相比有所下降，同时 2 万元免赔额度的产品占比略有上升，且新增 8800 元免赔额的额度设置。

2. 赔付比例

保险公司会对被保险人实际支出的符合保险合同相关约定的医疗费用给予一定比例的赔付。一般情况下，被保险人以无社保身份投保或以有社保身份投保并以参加社保身份就诊并结算的，赔付比例为 100%；被保险人以有社保身份投保但未以参加社保身份就诊并结算的，赔付比例则在 50%—80%，统计结果中有约 78% 的产品在这种情况下赔付 60%（见表 10）。

表 10　中端医疗保险产品一般医疗赔付比例统计

一般医疗赔付比例	比例		变化趋势
	2021 年	2022 年	
100%	—	5%	—
无社保：100%； 有社保且使用社保：100%； 有社保未使用社保：60%	71%	78%	↑
无社保：100%； 有社保且使用社保：100%； 有社保未使用社保：80%	7%	2%	↓
无社保：90%； 有社保且使用社保：90%； 有社保未使用社保：54%	2%	—	—
无社保未使用社保：80%； 无社保且使用社保：100%； 有社保且使用社保：100%； 有社保未使用社保：60%	2%	—	—
无社保：80%； 有社保且使用社保：100%； 有社保未使用社保：80%	2%	—	—
无社保：100%； 有社保且使用社保：100%； 有社保未使用社保：50%	2%	—	—
无社保：80%； 有社保且使用社保：80%； 有社保未使用社保：48%	2%	—	—
无社保：60%； 有社保且使用社保：100%； 有社保未使用社保：60%	2%	3%	↑

（续表）

一般医疗赔付比例	比例		变化趋势
	2021 年	2022 年	
无社保：50%； 有社保且使用社保：100%； 有社保未使用社保：50%； 特定医疗机构：100%	—	3%	—
没有明确	6%	3%	↓
其他	7%	6%	↓

二、免责条款

由于中端医疗保险的疾病范围广泛、医疗费用项目众多种类繁杂，因此免责条款数量较多，设置也较为复杂。中端医疗保险产品免责条款数量的统计结果见表 11。

表 11　中端医疗保险产品免责条款数量统计表

免责条款数量	比例		变化趋势
	2021 年	2022 年	
16 条及以下	23%	14%	↓
17—20 条	25%	31%	↑
21—25 条	42%	34%	↓
26 条及以上	10%	23%	↑

2022 年统计的中端医疗保险产品医疗免责条款数量集中在 17—25 条，总占比达 65%；免责条款数量在 26 条及以上的产品占比大幅上升，平均

数量呈增加趋势。与其他类型的保险产品相比，医疗保险产品除了对基本的违法犯罪及故意行为类免责外，还对整形、体检等非疾病治疗项目，精神病、传染病等特殊疾病等免责。不同的产品免责条款具体内容差异较大，消费者在购买时需要仔细甄别比较。

三、普通条款

（一）投保年龄

中端医疗保险被保险人的最低投保年龄多数为0周岁（28天/30天），2022年该占比为77%；最低投保年龄为18周岁的占比为15%，与2021年相比有所上升。2022年最高投保年龄为65周岁的产品占比进一步上升，达到41%。

中端医疗保险产品投保年龄统计结果见表12和表13。

表12　中端医疗保险产品最低投保年龄统计表

最低投保年龄	比例		变化趋势
	2021年	2022年	
0周岁	85%	77%	↓
16周岁	1%	—	—
18周岁	5%	15%	↑
20周岁	—	1%	—
40周岁	5%	3%	↓
46周岁	1%	—	—
没有明确	4%	4%	→

表 13　中端医疗保险产品最高投保年龄统计表

最高投保年龄	比例		变化趋势
	2021 年	2022 年	
55 周岁及以下	5%	9%	↑
60 周岁	41%	31%	↓
64 周岁	2%	—	—
65 周岁	36%	41%	↑
70 周岁	7%	11%	↑
80 周岁	6%	4%	↓
没有明确	4%	4%	→

（二）犹豫期

本次统计的中端医疗保险产品犹豫期多数为 15 天，占比达 52%，与 2021 年相比有较大幅提升；没有犹豫期的产品占比为 44%，占比有所下降。

表 14　中端医疗保险产品犹豫期统计表

犹豫期	比例		变化趋势
	2021 年	2022 年	
2 天	3%	3%	→
3 天	1%	—	—
5 天	1%	—	—
10 天	8%	1%	↓
15 天	29%	52%	↑
20 天	1%	—	—
无	58%	44%	↓

（三）交费方式

中端医疗保险的交费方式多为趸交，部分产品也提供月交的方式。中端医疗保险产品交费方式统计结果见表15。

表15　中端医疗保险产品交费方式统计表

交费方式	比例		变化趋势
	2021年	2022年	
趸交	100%	100%	→
月交	36%	24%	↓

（四）等待期

从统计结果来看，2022年中端医疗保险产品等待期的平均时长相比于2021年有所下降。等待期为30天的产品占比略有上升，达到88%；其中，部分中端医疗保险产品针对“质子重离子医疗保险责任”或是“腺样体肥大、甲状腺、疝气、扁桃体、乳腺、女性生殖系统疾病”另外设置90天等待期。中端医疗保险产品等待期统计结果见表16。

表16　中端医疗保险产品等待期统计表

等待期	比例		变化趋势
	2021年	2022年	
30天	84%	88%	↑
90天	9%	8%	↓
其他	7%	4%	↓

（五）保险期间及续保

本次统计样本均为1年期的短期健康险产品，且续保条件均为“非保证续保”。2021年1月11日，银保监会下发了《关于规范短期健康保险业务有关问题的通知》（以下简称《通知》），对短期健康保险的续保进行规范，《通知》要求：保险公司开发的短期健康保险产品中包含续保责任的，应当在保险条款中明确表述为“不保证续保”条款。不保证续保条款中至少应当包含以下内容：

“本产品保险期间为一年（或不超过一年）。保险期间届满，投保人需要重新向保险公司申请投保本产品，并经保险人同意，交纳保险费，获得新的保险合同。

保险公司不得在短期健康保险产品条款、宣传材料中使用‘自动续保’‘承诺续保’‘终身限额’等易与长期健康保险混淆的词句。”

1. 最高续保年龄

中端医疗保险产品一般都在条款中明确了最高可续保年龄。2022年最高续保年龄在99周岁及以上的产品占比达到63%。中端医疗保险产品最高续保年龄统计结果见表17。

表17　中端医疗保险产品最高续保年龄统计表

最高续保年龄	比例		变化趋势
	2021年	2022年	
60周岁及以下	6%	13%	↑
65周岁	4%	11%	↑

（续表）

最高续保年龄	比例		变化趋势
	2021年	2022年	
70周岁	3%	—	—
75周岁	3%	—	—
80周岁	9%	5%	↓
84周岁	1%	—	—
85周岁	2%	—	—
96周岁	—	1%	—
99周岁	29%	29%	→
100周岁	20%	20%	→
105周岁	21%	14%	↓
其他	4%	7%	↑

2. 停售能否续保

一般情况下医疗险合同条款中都会明确规定："停售不能续保。"《通知》中明确规定，产品停售需要提前告知消费者，披露停售的具体原因、具体时间，同时需要提供后续服务措施，包括为已购买产品的保险消费者在保险期间内继续提供保障服务和在届满时提供必要且合理的转保服务两方面。

四、特殊条款

中端医疗保险产品理赔范围广、涉及的医疗内容复杂，相对于其他人身保险产品来说，对保障责任的规定更加细致，也涵盖更多特殊条款与增值服务。

（一）医院范围

大多数中端医疗保险产品规定的医院范围都是要求中国境内（不含香港、澳门和台湾地区）。医院一般规定为二级及以上公立医院或保险公司指定或认可的定点医院，病房类别一般为普通部。具体中端医疗保险产品医院范围统计结果见表 18。

表 18　中端医疗保险产品医院范围统计表

医院范围	比例		变化趋势
	2021 年	2022 年	
二级及以上公立医院	—	7%	—
二级及以上公立医院普通部	52%	47%	↓
二级及以上公立医院或保险人认可医院	11%	7%	↓
二级及以上公立医院普通部或保险人认可医院	12%	14%	↑
二级及以上公立医院或上海市质子重离子医院	—	6%	—
二级及以上公立医院普通部或上海质子重离子医院	19%	11%	↓
其他	6%	8%	↑

（二）责任延续

指保险人将在合同约定的保险金年度给付限额内，承担保险期间内发生的并延续至合同到期后约定时间所发生的费用。在中端医疗保险产品中常见住院医疗费用的责任延续说明，即若被保险人在保险期间内开始住院治疗，到保险期间届满住院仍未结束，且不再续保的，保险人将继续承担给付保险金责任至住院结束或约定期限为止。其延续时长一般限制为最长不超过保险期间届满之日起第 30 天，也有部分保险延续至 90 天或以上。

在 2022 年统计的中端医疗保险产品中，有 91% 的产品含有该项责任。中端医疗保险产品责任延续情况统计结果见表 19。

表 19　中端医疗保险产品责任延续情况统计表

责任延续情况	比例		变化趋势
	2021 年	2022 年	
住院医疗费用：延续届满后 30 天	90%	76%	↓
住院医疗费用：延续届满后 90 天	4%	3%	↓
住院医疗费用：延续届满后 180 天	2%	1%	↓
住院医疗费用：延续至办理出院手续	4%	15%	↑
住院医疗费用、恶性肿瘤特定药品费用：延续届满后 30 天	—	5%	—

专题报告一
ESG 理念下的人身保险产品创新

2022 年 6 月 1 日，原中国银保监会正式发布了《银行业保险业绿色金融指引》，其第一章总则指出："银行保险机构应当完整、准确、全面贯彻新发展理念，从战略高度推进绿色金融，加大对绿色、低碳、循环经济的支持，防范环境、社会和治理风险，提升自身的环境、社会和治理表现，促进经济社会发展全面绿色转型。"这里的"环境、社会和治理"正是 Environment，Social and Governance（ESG）的中文翻译。

近年来，在国际资本市场愈发关注企业非财务表现的大背景下，ESG 理念应运而生并逐渐成为一个热门概念。狭义的 ESG 理念主要关注"绿色环保"议题，而广义的 ESG 理念则以"可持续发展"为目标，遵循 ESG 理念的企业需要评估并管理其在"环境、社会和治理"三支柱下各重要指标的表现水平。此后，全球各国家和地区围绕企业如何在运营及投资过程中融入 ESG 理念开展了广泛的讨论，但是全球市场对于 ESG 理念的整体认识和实践还处在发展的早期阶段。特别是对于尚未出台强制监管要求的国家和地区来说，如何落地实施 ESG 理念仍需要各行各业共同研究学习、形成符合 ESG 理念又切实的解决方案。

本文将简要介绍保险行业的 ESG 议题最新发展趋势及落地实施现状，重点聚焦广义 ESG 理念下的国内外人身保险产品创新实例，希望予读者以启发。

一、ESG 理念发展历程和保险行业落地

2004 年，“ESG”一词首次在正式文件中出现并开始进入国际大众的视野。联合国全球契约组织（United Nations Global Compact）等机构联合发布的报告《在乎者赢：连接金融市场与变化中的世界》(“Who Cares Wins- Connecting Financial Markets to a Changing World”）对金融行业如何将 ESG 理念融入公司各项工作提出了一系列开创性的建议。次年，联合国环境署金融倡议（United Nations Environment-Finance Initiative）发表了另一篇具有里程碑意义的报告。这篇报告通常被称为“Freshfields Report”，报告论证了 ESG 议题对于机构投资实践可能产生的重大影响，并且进一步分析了各个国家和地区的具体情况。以上两篇研究报告对整个 ESG 理念发展具有重大意义，为 2006 年联合国负责任投资原则组织（UNPRI）的建立和形成奠定了坚实的基础。

此后多年，随着 ESG 理念的普及和推广，亚洲各国和地区尤其是中国香港率先通过监管规则，明确官方对于 ESG 理念的认可和支持。2011 年末，香港交易及结算所有限公司（以下简称“港交所”）首次发布《环境、社会及管治报告指引》(以下简称《ESG 报告指引》)，指导香港上市公司从

2013 年开始根据《ESG 报告指引》中建议的披露框架自愿开展相关信息披露工作。该披露框架围绕工作环境安全、公司温室气体等排放物、运营中的可持续发展实践及社区投资四大方面提供披露内容及绩效指标建议。其后数年，港交所对《ESG 报告指引》进行多轮征求意见及修订，逐渐细化并提高披露要求，并从自愿披露各项相关绩效指标升级为强制披露。

ESG 理念引入中国大陆相对较晚，对于大陆的监管和企业是一个舶来品。相较于欧美市场，中国大陆的 ESG 发展时间虽然较短，但发展速度更快。过去几年间，监管部门相继出台了一系列相关监管规则，结合国情对 ESG 理念在境内企业落地提供官方建议及要求。尤其在 2020 年国家主席习近平提出“3060 双碳目标”之后，我国对于节能减排、绿色可持续发展等气候变化相关环境议题的关注度持续走高，并推出多项相关支持政策及监管规则。例如，中共中央及国务院于 2021 年发布《关于完整准确全面贯彻新发展理念做好碳达峰碳中和工作的意见》，开篇首句明确提出“实现碳达峰、碳中和，是以习近平同志为核心的党中央统筹国内国际两个大局作出的重大战略决策”。

毋庸置疑的是，在整个绿色发展进程中，金融行业始终扮演着极其重要的角色，金融机构为绿色产业提供的全方位资金支持将加速全社会的绿色转型。因此，随着我国“3060 目标”的推进，绿色金融成为可持续发展中一项关键议题和工作。2022 年 6 月，原中国银保监会正式印发《银行业保险业绿色金融指引》（以下简称《指引》）并要求银行、保险等金融机构在一年内落实各项绿色金融工作。《指引》围绕绿色金融组织架构、政策制定、风险管理、绿色投资等方面明确 ESG 工作的重要性，要求金融机构切实提高其ESG表现水平。相对于银行机构，保险机构的ESG工作基础较为薄弱，所以在日渐严格的监管要求下，保险行业整体面临更大的压力和挑战。

从ESG落地实施的角度来看，保险公司已经完成了从理论走向实践的阶段性工作。部分进度领先的保险公司开始将一系列ESG相关措施引入公司运营、投资和产品设计各环节，包括设立相关战略目标和计划，将ESG融入投资量化指标，设计开发支持某一ESG议题的保险产品等。不难预见未来将有更多的保险公司深入落实ESG落地实施工作，这股力量也将驱使暂未开展相关工作的保险公司加紧步伐，展开更多ESG相关尝试。

对于保险业及各保险公司而言，与之相关的ESG议题与其他行业有所不同。具体来说，这些议题紧密围绕保险行业的特质，将ESG所关注的具体问题与行业特质联系起来，从而阐明ESG议题与保险业务发展的关系。表1是对国内外各保险公司经营管理相关的ESG议题及其落地方式的归纳总结。

表1　国内外各保险公司经营管理相关的ESG议题及落地方式

ESG三支柱	部分ESG重要议题	落地方式
E环境	缓解气候变化	保险公司通过保险产品为被保客群提供风险保障，以达到减少因气候变化相关风险导致额外损失的目的。由于保险保障范畴本身的特点，财产保险产品在这一议题上起到相对更重要的作用。
	绿色/负责任投资	在保险资金投资的全流程中，保险公司及保险资产管理公司通过将投资组合的ESG表现作为投资中一个考虑因素、量化ESG表现及投资回报收益等方法，实践绿色/负责任投资理念。

（续表）

ESG 三支柱	部分 ESG 重要议题	落地方式
E 环境	发展绿色金融	发展绿色金融这一议题同时涉及保险公司投资端、负债端及运营端的相关工作。保险公司需要在项目投融资、保险产品设计及日常办公运营中全面支持环境改善、积极应对气候变化等环境问题。
	助力国家碳中和	通过减少自身业务发展相关碳排放水平、引导资金流向支持实现国家碳中和目标的企业及项目等方式，保险公司可以对国家实现碳中和目标作出积极贡献。
	绿色 / 可持续供应链	在开展供应商管理工作的过程中，保险企业建立绿色 / 可持续发展相关制度文件以确保选取的供应商满足绿色 / 可持续发展要求。部分更加先进的公司将绿色 / 可持续相关条款要求补充进现有供应商协议中，保证供应商提供的产品服务满足绿色 / 可持续要求。
S 社会	负责任 / 多元化保险产品	创新负责任 / 多元化保险产品有助于保险企业将可持续发展理念融入公司业务核心。特别是对于寿险公司来说，通过提供各类保险产品以扩大被保客群的保障范围，有益于帮助解决相关民生及社会问题。
	保护消费者权益	在推广、销售、理赔等一系列产品运营过程中，保险公司应竭力保障客户权益并致力于提高客户满意度。保险公司内部可通过定期开展主题培训等方式保证此项议题的达成。
	支持乡村振兴等国家战略	保险公司可以通过提供相关宣导活动，内部培训，或是开展公益品牌系列行动等方式赋能乡村经济社会发展，支持推动国家相关战略。
	提高社区影响力	保险公司可以扩大其在当地社区的积极影响力，通过组织社区公益活动、鼓励企业员工参与公司所在社区的各项建设活动等方式，帮助共同解决社区所面临的可持续发展问题。

（续表）

ESG 三支柱	部分 ESG 重要议题	落地方式
G 公司治理	提升公司治理水平	为保证保险公司的长期可持续发展，构建并加强公司治理工作，提高治理水平是一项重要的工作。公司通过加强制度建设，完善架构等方式保障公司经营活动稳健开展，实现业务稳步增长。
	加强风险防控管理	类似于其他治理议题，保险公司通过加强基础制度建设，完善内控相关流程和工作机制，定期开展风险防控内部培训等方式，加强对此议题的管理。
	规范商业道德守则	保险公司的商业道德管理包含多方面的工作，例如反垄断、知识产权保护等。因此，规范商业道德的工作需要多个相关部门协同合作，共同减少因商业道德问题而产生的影响和风险。

从上述归纳总结可以看出，ESG 在保险行业中的落地主要体现在保险公司的产品端、运营端和投资端，而具体的落地方式却有所不同。在产品端，主要包括绿色保险及多元化保险产品等，旨在通过保险产品增强抵御气候变化与其他环境及社会问题相关风险的能力。在运营端，遵循绿色环保的运营理念至关重要，同时，强化公司治理水平被视作公司可持续运营的基石。在投资端，引导保险资金流向绿色环保及其他符合 ESG 理念的企业和项目，是助力保险业整体可持续发展的重要一环。

二、ESG 对不同类型保险产品创新的主要影响

上文围绕保险行业整体的 ESG 发展趋势展开了初步讨论，而保险行业下主要细分领域的 ESG 工作重点也不尽相同，保险公司在部署自身

ESG 实施工作时，需根据不同业务线具体情况统筹安排、分别考虑。以下是各类保险公司和产品与 ESG 理念协同方向的整理和总结。

财产保险产品主要通过产品责任对气候变化所致的损失提供保障及赔偿，缓释因气候变化及其他环境变化所带来的风险。根据我国原银保监会印发的《绿色保险统计制度》，ESG 财产保险主要分为三大类。

第一类是 ESG 风险类保险，包括巨灾保险、环境污染责任险及安全责任险等。

第二类是绿色产业相关保险，包括提供给生态环境产业及新能源等绿色项目的保险。

第三类是绿色生活相关保险，包括为绿色生活提供保障的保险，如新能源车险。

由于财产保险产品的灵活多样性，且其产品责任可以直接和气候变化、生产生活相关，ESG 的发展和渗透直接促使财产保险产品有针对性的创新，出现了诸多全新的与 ESG 直接相关联的保险产品和责任。

人身保险产品则可以从寿险、健康险和养老年金三类产品来分析。

寿险产品受 ESG 的影响则相对间接，目前行业暂未有对于 ESG 寿险统一的分类标准，故其影响比较少体现在产品端，而主要体现在投资端和运营端。

在投资端，由于 ESG 的长期主义理念与寿险资金的长期特性互相匹配，目前围绕绿色 / 负责任投资所开展的研究和工作较多，承诺在投资过程中贯穿 ESG 理念是 ESG 寿险较主流的发展方向。

在运营端，保险公司也在身体力行地贯彻实践着 ESG 理念，产品运营过程中向着可持续发展的方向靠拢。伴随着互联网时代的发展更多地采用无纸化方式投保和理赔，通过保费折扣、物质激励的方式倡导被保险人更多采用健康的生活方式，这些都在ESG理念的促进下加速发展，涌现出更多创新点。

但是总体而言，相较于财产保险产品，ESG理念相关的寿险产品创新还有较大探索空间。

健康保险产品创新受ESG理念的影响较寿险产品要更加显著。健康保险产品通过对被保客群健康风险的管理和补偿，可以在诸多社会问题上有所作为，因此与ESG中的社会支柱关系紧密。

健康保险产品按照保险期限可分为长期健康险和短期健康险两大类。长期健康险与寿险产品类似，也可以通过在投资端贯穿ESG理念。

抛开保险期限因素，健康保险主要通过扩大保障范围，尤其是创新型的保障范围，为受到ESG相关的社会问题影响的人群提供保障。例如，现代社会的人群心理问题逐渐凸显，与ESG理念中的社会问题紧密相关，在ESG的推动下，过去比较少见的带有心理健康保障和心理健康管理服务的健康保险产品逐渐得到发展，有望成为健康保险的创新方向之一。又例如，在部分人口结构老龄化的国家和地区，高龄人群的护理问题已经日渐成为社会性问题，护理保险产品和其服务的天然属性使得其产品本身与老龄化社会问题产生紧密联系，在ESG理念的促进下可使养老保险产品进行对应创新。

此外，对运营端依赖极高的健康保险产品同样可以在ESG理念指导下发展和寿险产品类似的运营端创新。

与寿险产品类似，养老年金产品与ESG理念的密切关系则主要体现在投资端。就目前而言，市场上将ESG理念纳入投资端考虑的养老年金产品尚不多。但是近年来，国际上较为领先的养老基金已经将 ESG 理念纳入其投资原则，引导资金投向支持更广泛多元的环境及社会议题的项目，相信未来将有越来越多的养老年金产品向此方向创新。

三、ESG 理念下人身保险产品创新实例

随着人身保险产品的设计越来越复杂、客群更加细分、数字化技术广泛运用以及“保险 + 服务”概念的深入，人身保险产品创新已经从狭义的在产品形态上的创新逐渐演变为了广义的多角度创新。我们收集、分析了中国大陆、中国香港、美国和东南亚多国的保险公司在 ESG 理念下的 14 款创新型人身保险产品或案例，并将其创新分为如下几个方向（见表 2）。

表 2　14 款创新型人身保险产品

分析维度	具体产品	与 ESG 的关联
供给侧：舒适区里的产品形态创新	国家或地区：新加坡及其他东南亚国家和地区 保险公司：保诚保险（Prudential Plc） 产品名称：PRUSafe Dengue	产品责任可帮助广大中低收入人群应对气候变化导致的流行性疾病高发的风险，从而缓解社会性问题。
	国家或地区：新加坡 保险公司：友邦保险（AIA） 产品名称：AIA Beyond Critical Care	为现有被保险人提供心理健康相关的保障，应对因心理问题而产生的健康风险，帮助解决相关社会问题。
	国家或地区：马来西亚 保险公司：友邦保险（AIA） 产品名称：AIA A-Plus Health	
	国家或地区：中国香港 保险公司：中银人寿 产品名称：绿色网上储蓄保险计划	将 ESG 理念融入该产品的投资策略中，支持广泛的 ESG 子议题。

（续表）

分析维度	具体产品	与 ESG 的关联
需求侧：结合新兴社会问题扩展客群创新	国家或地区：美国 保险公司：Alignment Healthcare 产品名称：老年医疗险、AVA 数字科技平台、Care Anywhere 计划	为老年人提供医疗保障和护理支持，缓解人口老龄化带来的社会问题。
	国家或地区：中国大陆 保险公司：中英人寿（AVIVA） 产品名称：康养 YOUNG 计划	
	国家或地区：新加坡 保险公司：汇丰人寿（HSBC Life） 产品名称：Happy Family	通过为女性提供孕前、孕期和产后的财务及心理健康支持，为新生儿提供更多的健康保障，缓解女性的孕产压力，降低新生儿死亡率，帮助达到提高生育率和缓解社会中性别不平等的效果。
	国家或地区：新加坡 保险公司：宏利人寿（Manulife） 产品名称：Ready Mummy	
	国家或地区：中国香港 保险公司：保诚保险（Prudential Plc） 产品名称：Prudential PRUMU	
	国家或地区：中国大陆 保险公司：阳光财险 产品名称：单取卵周期辅助生殖（试管婴儿）手术保险	
运营端：数字化技术助力创新	国家或地区：新加坡 保险公司：NTUC 产品名称：NTUC Snack 微型保险	通过增加保障内容的多样性、拓展销售渠道，降低了购买保险的门槛，使保险产品可以服务更多的大众群体。
	国家或地区：中国香港 保险公司：友邦保险（AIA） 产品名称：AIA Vitality	打造更好的综合健康和保健成果，通过制定领先的综合健康和保健解决方案，奖励行为改善的客户，鼓励、教育和启发客户实现健康、长久生活。
	国家或地区：中国香港 保险公司：宏利人寿（Manulife） 产品名称：Manulife MOVE	

（续表）

分析维度	具体产品	与 ESG 的关联
运营端：数字化技术助力创新	国家或地区：新西兰 保险公司：Asteron Life 产品名称：Asteron Life The Best Doctors package	为购买了伤残保险的客户新增了一项新的心理健康支持服务，以改善社会性的心理健康问题。

我们将在本文中逐一介绍上述人身保险创新产品的具体形态和其与 ESG 理念的关联。

（一）供给侧：舒适区里的产品形态创新

产品形态创新一般出现在保险责任方面。通过在现有保险产品上增加新的责任，或者在现有产品形态下覆盖新的风险，保险公司可以稳健地探索创新。

近年来，随着市场竞争的加强和价值链的延伸，保险公司也开始将创新延伸至服务端，以此提高产品的竞争力和价值。

此外，由于 ESG 理念的长期主义与寿险资金的长期特性互相匹配，故而在 ESG 理念下的产品形态创新也常见于围绕绿色 / 负责任投资的投资策略创新。

本部分将通过四个案例，分别介绍供给侧的产品形态创新。

1. 气候变化相关的健康保险产品

气候变化会通过多种方式对人类健康产生影响，例如：引发极端自然事件（如热浪、风暴和洪水）、干扰粮食系统生产、影响生理疾病和心理疾病的发病率、导致未知疾病的出现等。健康保险产品通过保险责任创新，可以帮助民众应对气候变化带来的健康问题，与ESG理念中助力社会治理直接相关。

案例1 Prudential PRUSafe Dengue 登革热短期医疗险[①]

登革热是热带国家居民常见的住院原因。在全球气候变暖的大背景下，热带国家例如东南亚地区的居民面临着登革热发生率上升的风险。同时，在治疗登革热过程中非处方药的医疗费用占比也在逐渐增加，使得患病民众也面对着财务上的压力。

近年来，保诚保险在新加坡推出了登革热短期医疗险（Prudential PRUSafe Dengue），帮助客户应对登革热蔓延带来的风险。在被保险人被确诊为登革热后，可一次性获得500新元的赔付，同时还可根据具体的治疗方式和病情进展获得住院费用补贴以及死亡给付。

一般来说，长期健康险产品和保障责任全面的短期健康险产品虽然可以在患病期间为被保险人提供财务支持，但对于中低收入人群来说保费仍然较为昂贵，进而阻止了这部分客群获得保障。这类登革热短期医疗险的保险期限为三个月，且只针对特定疾病，使得其售价为5新加坡元，低廉的价格使得广大中低收入人群都可以轻易负担。

价格低廉的保险产品虽然受广大中低收入人群的欢迎，但却往往因为无法为渠道提供较多的销售费用导致销量低迷，同样也阻止了产品发挥其社会效应。保诚的这款产品主要在Pulse App、数字网络销售和官方网站销售，方便大多数客户购买该产品，同时减少了销售中的人力消耗，极大

① 资料来源：PRUSafe Dengue – Dengue Fever Coverage | Prudential Singapore。

提高了购买效率，使得其社会效应最大化发挥。

除了新加坡，保诚保险在其他东南亚市场例如柬埔寨、菲律宾、越南，也提供类似的经济实惠的传染病医疗险产品，保险责任主要针对的是登革热、疟疾等热带疾病及麻疹所带来的各项医疗费用，部分产品附加死亡给付等。这类产品都可以归类为应对气候和环境变化的健康险产品，直接地参与了治理因环境变化导致的社会性问题，是比较典型的 ESG 理念下的人身保险产品创新案例。

2. 心理健康相关的健康保险产品和服务

随着现代社会发展、生活节奏的加快，各种内外部压力导致民众心理健康问题逐渐凸显，对个人健康和社会生活的方方面面产生了影响。据马来西亚 2018 年的一项对 457 万在职成年人的调查研究[①]显示，有 29% 的员工表示其心理健康状况不佳。

针对这一社会性趋势，保险行业可以通过健康保险责任创新帮助民众应对心理健康问题，从而协助社会治理。

值得注意的是，仅靠财务上的补偿来缓解心理健康问题往往是不足够的，保险公司还可以提供相应的心理健康服务。例如：为了更好地解决工作压力带来的心理健康问题，友邦保险与东南亚数字心理健康平台 ThoughtFull 合作，推出了市场上首个心理健康解决方案。该解决方案由两个主要部分组成：

① 资料来源：MENTAL HEALTH PROTECTION FOR THE WORKFORCE，https：//www.aia.com.my/en/about-aia/media-centre/press-releases/2022/mental-health-protection-for-the-workforce.html。

（1）数字化心理健康顾问服务：每日无限次的一对一心理咨询、自我驱动的心理健康学习内容、心理健康学习研讨会与工坊，以及24/7全天候的心理健康热线。

（2）心理健康疾病保险：保险责任涵盖员工及其家属因心理健康问题而接受精神科医师的咨询、药物等治疗费用。

目前，友邦保险在多个市场销售覆盖心理健康疾病的保险产品，下面是其中两款典型产品的简介。

案例2 AIA Beyond Critical Care

AIA Beyond Critical Care①是友邦保险在新加坡市场推出的一款重大疾病保险，是新加坡市场上首个涵盖心理健康问题的健康险产品。

AIA Beyond Critical Care是一款重大疾病保险，保险责任覆盖了常见的43种重大疾病和104种轻、中症疾病，同时还提供保费豁免与未发生赔付全额返还保费的附加福利。该产品的一大卖点是提供针对心理健康疾病的保障，覆盖了五种主流的心理疾病，包括重度抑郁症、强迫症、精神分裂症、躁郁症和图雷特氏综合征。当被保险人罹患其中一种心理疾病时，可以获得最高20%的保额赔付。

AIA Critical Assist还为被保险人提供专属的医疗援助服务，可以在饮食营养、心理健康、居家照顾、药物建议等方面提供全方面的支持。此外，友邦保险还与Teldoc Health合作，为被保险人提供在线疾病咨询服务。

① 资料来源：AIA新加坡官网，https：//www.aia.com.sg/。

案例 3 AIA A-Plus Health

AIA A-Plus Health[1] 是友邦保险在马来西亚市场推出的一款可选的附加医疗险。它不仅为被保险人提供包括住院护理、门诊护理以及居家看护等全面的医疗保障，还提供完整的健康解决方案，为被保险人提供预防、住院和康复的支持。

除了提供全面的医疗保障以外，AIA A-Plus Health 还通过 Health Wallet 与 Health Rewards 这两个途径激励被保险人保持身体健康。

Health Wallet：

如果被保险人在一个保单年度没有发生任何索赔，保险公司会在年底将一笔奖励存入被保险人的 Health Wallet，最多可累积存入十次。Health Wallet 中存储的余额可以为被保险人提供额外福利，包括：

- 体检与注射疫苗等；
- 因先天性疾病或意外而发生的整容手术、外部修复术例如义肢以及助听器复原护理；
- 针对重度抑郁症、强迫症、精神分裂症、躁郁症、图雷特氏综合征和产后抑郁症的心理咨询；
- 提升保额。

Health Rewards：

友邦保险鼓励被保险人长期保持健康生活习惯。已经购买该保险产品的客户可以加入 AIA Vitality[2] 会员，通过在手机 App 中完成健康目标获得

---

① 资料来源：AIA 马来西亚官网，https://www.aia.com.my/。

② 下文将展开介绍此计划。

AIA Vitality 点数换取奖励。奖励包括免赔额豁免、住院膳食升级及 Health Wallet 存储金额提升。

从上述案例可以看出，虽然市场上尚未出现单独的心理健康保险，但部分市场已经出现在现有产品基础上创新拓展心理健康保障责任的产品。此类创新产品将对改善社会心理健康问题起到一定的辅助作用，从而体现 ESG 理念。

3.ESG 理念投资策略的寿险产品

案例 4 中银人寿“绿色网上储蓄保险计划”

中银人寿近年在香港市场推出绿色网上储蓄保险计划，将 ESG 理念融入这款产品的资金投资策略和产品责任设计等方面，并承诺定期开展可持续保险相关信息披露工作。

投资策略上，中银人寿将投保人超过一半的保费用于投资绿色债券或其他可持续发展类债券，通过将资金引向支持和改善不同 ESG 议题的项目和企业，对环境和社会的可持续发展做出较全面的贡献。

责任设计上，保单一旦发生身故赔偿，保险公司将把投保人部分净已缴保费捐献给指定的慈善机构，以此创造更大的社会效益。①

除了在上述设计创新中体现 ESG 理念，该保险产品还完全满足了由联合国环境规划署金融倡议（UNEP FI）发布的《可持续保险原则》中的四大原则要求，② 并获得第三方机构（安永会计师事务所）的专业认证。

① 资料来源：iGreen_Brochure_SC_0822.pdf（boclife.com.hk）。

② 资料来源：https: //www.unepfi.org/insurance/insurance/the-principles/。

目前市场上仅有少数的寿险产品通过将 ESG 理念融入投资策略中的方式来进行创新，养老年金产品中也不多见。此类创新方式比较新颖且与 ESG 理念的融合非常自然，在助力公司推进 ESG 理念落地方面有较大的潜力。

（二）需求侧：结合新兴社会问题扩展客群创新

与供给侧产品形态创新不同，需求侧创新需要保险公司有预见性地从客群需求出发，跳出舒适区去探索创新。它并不仅仅是简单地将现有的保险产品提供给更多的人，而是要根据特定客户群体的需求，创新出具有针对性的保险责任，通过开发契合新客群的新产品扩大客群，以满足更广泛的民众需求。

ESG 理念关注社会治理问题，相关议题都是具有广泛代表性的社会问题，恰好可以为保险公司寻找需求侧的客群需求提供指引。例如：全球人口老龄化和发达国家低生育率都是目前比较热门的话题，保险公司可以针对性地开发相应保险产品，以提高保险产品的适用性和竞争力，也将 ESG 理念贯彻其中。

本节将通过六个案例，分别介绍此类产品创新。

1. 人口老龄化相关保险产品和服务

据联合国《2023 年世界社会报告》预计，全球人口老龄化将在未来几十年加剧。从 2021 年到 2050 年，全球老年人口（65 岁或以上的人群）比例将从不到10%增加到17%左右，[①]老年人口数量将从7.61亿增至16亿，而 80 岁及以上的高龄人口增长速度更快。

人口迅速老龄化导致人们对医疗保障和护理支持的需求越来越复杂。在医疗保障方面，老年人群因为身体原因和医学进步，面临着医疗费用超通胀上涨的风险。在护理支持方面，传统上，家庭照护能基本满足老年人的护理需求；然而，近几十年来发达国家和发展中国家的家庭和老年人的生活安排发生了显著变化，这些变化以及普遍的人口老龄化增加了民众对不同形式护理的需求。老年人群的医疗保障和护理支持机制越来越成为重要的社会问题。

人口老龄化带来的新兴社会风险是 ESG 议题中社会支柱下的重要议题之一。以此为引，保险公司可以参照客户的养老需求为导向，持续开发多样化产品，多层次参与构建老龄社会，让医养创新、养老金融发展成果惠及更多的老龄人群，也为自身寻求新的发展机遇。

与国际经验相比，我国的老年人群保险还处于初期阶段。本小节将分

① 资料来源：联合国《2023 年世界社会报告》，p71–p29: 2023wsr–fullreport.pdf（un.org）。

别介绍美国 Alignment Healthcare 老年健康险公司的老年人医疗险以及中英人寿的康养“YOUNG 计划”。

案例 1 Alignment Healthcare 专注老年人健康市场

Alignment Healthcare 是美国一家专注老年人健康市场的健康保险公司，通过多种老年医疗保险计划为老年人群提供多种可选的医疗保障和护理服务。[①]Alignment Healthcare 通过 AVA 数据科技平台实现对老年群体分层定价和护理服务，[②]在此基础上对不同类型的客户进行积极的健康管理。[③]

一、Alignment Virtual Application（AVA 数据科技平台）

Alignment Healthcare 的一个技术优势是专为老年群体推出的 AVA 数据科技平台。在统一的数据架构之上，AVA 数据科技平台能够提取广泛的数据并转化为深度分析，从而进一步提供围绕医疗保健生态系统的端到端协调服务，确保为会员提供优质、分层的护理和服务。[④]

利用独有的 AVA 数据分析模型打造分层定价。根据被保险人的既往病史、健康状况和需求等相关数据，将老年群体分为健康体（Healthy）、意外事故人群（Healthy Utilizer）、即将罹患慢病的群体（Pre-Chronic）和慢病群体（Chronic）进行分层定价。

---

① 资料来源：https: //www.globenewswire.com/news-release/2021/10/02/2307426/0/en/Alignment-Healthcare-Announces-New-2022-Plans-Empowering-7-Million-Seniors-With-More-Choice-Access-and-Benefits-for-Their-Health-Care.html。

② 资料来源：https: //www.globenewswire.com/news-release/2021/07/07/2258913/0/en/Alignment-Healthcare-s-AVA-Technology-Platform-Powers-More-Than-1-Million-Personalized-Care-Interactions-to-Date.html。

③ 资料来源：Alignment Health ESG 报告，P11：https: //www.alignmenthealth.com/ESG。

④ 资料来源：Alignment Healthcare 2021 ESG Report，p13。

在客户分层的基础上实现分层护理模式。Alignment 将客户分为两类：第一类是健康体和意外事故人群，第二类是即将罹患慢病的群体和慢病群体。前一类客户的健康服务交给其所在地社区医疗服务的供应商网络负责，Alignment 则充当监督者，利用各种工具和应用程序衡量供应商在关键质量和成本指标上的表现。对于后一类带病体客户，同其他寿险公司不同，Alignment Healthcare 并不拒绝其投保，反而将大部分医疗资源配置给这类客户，通过 Care Anywhere 计划为其提供覆盖生活各方各面的及时、有效护理服务，从而达到降低住院率和医疗费用的目的。

二、Care Anywhere 计划

Alignment Healthcare 打造了符合第二类客户需求的 Care Anywhere 计划，由医生、行为健康教练等工作人员提供服务，共同执行跨职能的护理计划，为第二类客户提供及时、有效的护理，以解决他们各种慢性疾病的医疗保健需求。

Care Anywhere 计划结合这类客户行动不便的特征开发了线下的居家护理与线上的虚拟护理两种方式。Care Anywhere 计划主要包括上门拜访、24/7 全天候服务、高度详细的个性化护理计划以及协调护理和社会需求。在提供护理前，护理团队会根据客户的基本情况和每个人偏好的护理方式，为其量身定制护理计划。

Care Anywhere 计划通过提供优质的医疗服务减少了不必要的就诊以及住院护理，进一步提高了客户的生活质量，为客户带来更好的生活。Care Anywhere 计划的良好运转可以使得保险赔付大幅下降，Alignment Health 实现盈利后可以进一步开发保险产品，从而实现良性循环。

三、超越传统医疗险计划的全面服务

抛开数字科技平台、医疗护理等较为常见的优势，Alignment 的另外一个独特之处是围绕老年人的日常生活，将传统的医疗福利扩展到了各个领域，为老年人提供涵盖医疗保健和生活方式的一整套福利。具体包括：

- 全天候礼宾服务：会员可 24/7 全天候随时联系专门的护理团队，通过电话或视频与医生沟通医疗保健话题、进行预约或转诊服务、安排出行、确定福利计划等。
- 礼宾卡：为会员提供礼宾卡，会员可通过该卡在超过 5 万家药店购买符合条件的非处方（OTC）药。符合条件的会员还可以使用该卡兑换奖励，以完成选定的健康行为和预防性筛查，例如接种流感疫苗、乳房 X 光检查或糖尿病眼科检查。①
- 交通服务：与运输公司合作，提供往返医疗诊所的乘车服务，可解决交通不便的问题。
- 陪伴服务：为减少老年人的孤独感以及社会孤立感，Alignment 将志愿者与需要帮助的慢病患者建立联系，为老年人提供陪护服务。同时通过以社区为基础的健康组织和会员提供有趣和有教育意义的线下和线上项目。

---

① 资料来源：ACCESS On-Demand Concierge | Alignment Health Plan，https://www.alignmenthealthplan.com/discover-ahp/access-on-demand-concierge。

案例 2 中英人寿康养“YOUNG 计划”

随着老龄化逐步加深，在积极老龄观和健康老龄化思路下，中英人寿于 2022 年 6 月推出“2 类保险产品 +2 个养老的家 +1 套营养健康方案”，以此满足客户金融保障、养老服务和营养健康三方面综合需求的康养“YOUNG 计划”。①

“2 类保险产品”指提供金融保障的增额终身寿险和养老年金产品。客户购买这两类产品的总保费达到 100 万元，即可享受康养“YOUNG 计划”的所有权益：

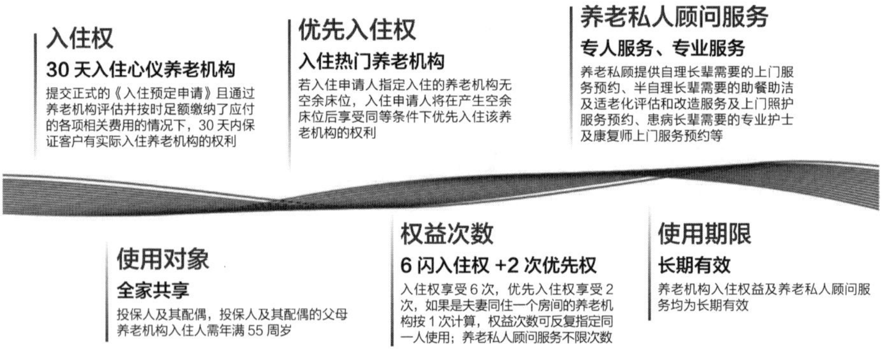

“2 个养老的家”是指康养“YOUNG 计划”中着力打造的“居家养老和机构养老”的理念。在传统的居家养老外，中英人寿康养“YOUNG 计划”为客户提供机构养老的选择，其 248 家养老机构覆盖了全国 60 多个主要城市，提供养老床位 10 万多张。② 养老机构包括三种模式：

① 资料来源：中英人寿官网，https: //news.sina.com.cn/sx/2022-06-15/detail-imizmscu6965502.shtml。

② 资料来源：中英人寿官网——中英人寿康养 YOUNG 计划，https: //www.aviva-cofco.com.cn/website/xxzx/kyyoungjh/zyrskyyoungjh/index.shtml。

➢ 老年公寓可提供专人服务，家居设施经过适老化改造，公寓配备养老设施并毗邻医院；

➢ 养老社区可提供专人服务，家居设施经过适老化改造，社区配备养老设施并开设医院；

➢ 老年照料中心可提供医生/护士服务，家居设施经过适老化改造，配备医疗康养设施并开设医院。

不同年龄的老年人群可以依据自身情况选择不同的养老模式。比如：刚退休不久的老年人，可根据健康状况选择居家养老或老年公寓；再年长些的老年人如果身体机能出现部分退化，可入住养老社区；高龄老人如果出现失能、失智，可入住老年照料中心获得专业的医护服务。

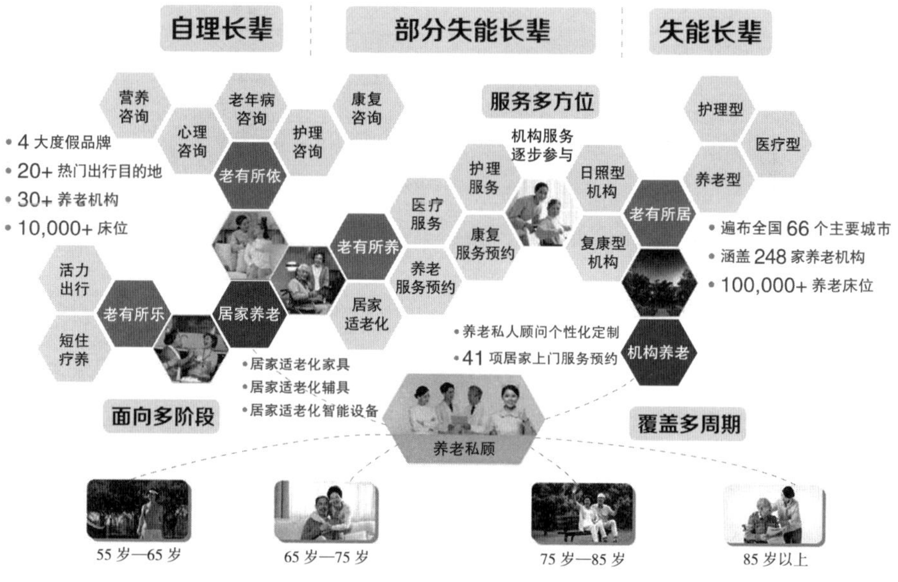

“1套营养健康方案”指中英人寿联合中粮营养健康研究院和中粮集团旗下多个食品公司主体共同打造的综合营养解决方案。

中英人寿通过与中粮营养健康研究院的密切合作，培养了3000多名“中粮营养顾问”和300名“资深顾问”，形成了一支集聚注册营养师和健康管理师资源的专业团队，能够让客户享受到从“营养问诊”到“健康测试”，从“营养咨询”到“健康讲堂”的一站式服务体验，中粮营养研究院让食育教育走进老年大学，让更多家庭善用科学营养，主动拥抱健康。

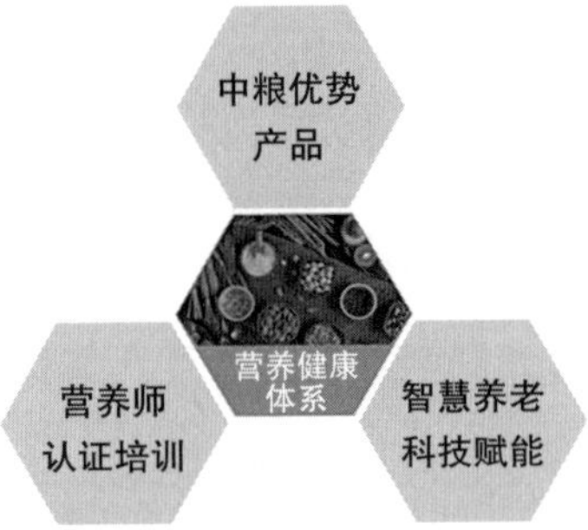

2. 生育相关保险产品

过去几十年中，许多国家和地区的生育率水平，即每位女性一生中平均生育的孩子数量，都在持续显著下降。20世纪中叶全球平均生育率约为5.0‰，而2021年全球平均生育率为2.3‰。根据联合国对未来生育率的假设，预计到2050年全球平均生育率将下降至2.1‰，这大致是人口更替长期稳定所需的最低生育率水平。[①] 低生育率会显著影响人口长期均衡发展，已经成为ESG议题中社会支柱下的重要子议题。

目前市场上的生育相关保险主要是“孕期保险”及“生育治疗保险”两大类。

孕期保险是一种趸交保费的保险，通常在怀孕第13周及以后可购买

① 资料来源：2022年世界人口展望结果摘要，p13：wpp2022_summary_of_results.pdf（un.org）。

并保障至婴儿出生后。该保险的承保范围可以大致分为女性怀孕 / 生产相关及新生儿相关两类，保险公司针对女性提供的保障包括妊娠并发症赔偿、死亡或全残赔偿、住院保障以及心理健康福利等；针对新生儿提供的保障包括先天性疾病赔偿、身故赔偿、住院保障以及光疗保障等。赔付形式包括一次性赔付和 / 或每日住院津贴。部分孕期保险不承保通过辅助受孕方式怀孕的女性，部分孕期保险产品还因为风险较高而将怀有多胞胎的女性排除在承保范围外。

生育治疗保险旨在为不孕症女性承保，其保障范围包括生育力测试、人工授精和胚胎移植等。一些创新责任还包括多次胚胎移植均未成功的定额赔偿、报销多胎减胎手术费用、报销辅助生殖并发症治疗费用等。

本小节将分别介绍这两类保险产品的相关创新。

案例 3 AXA EmpoweredMum 计划 ①

安盛保险在 2021 年 3 月推出新加坡首个孕期保险 AXA EmpoweredMum 计划。该计划为趸交保费，保险期间 3 年，除包括孕期保险常见的妊娠并发症保障、身故责任外，还有两大卖点：

一、为女性提供剖宫产早产的保障。若发生医生认可的妊娠 36 周以下的剖宫产分娩，可获 15% 保额的赔偿。这种剖宫产早产的额外保障为市场首创。

二、为新生儿提供免核保的第一年医疗保障计划。这也是新加坡市场首创。

① 现名 HSBC HappyFamily 计划。

需要注意的是 AXA EmpoweredMum 计划仅与另外两个综合医疗保险计划捆绑销售，一定程度上避免了逆选择风险。

案例 4 Manulife ReadyMummy 计划①

Manulife ReadyMummy 计划是新加坡宏利人寿一款保险期间为 3 年的孕期保险计划，从女性怀孕 13 周起提供覆盖孩子②从出生到保单第 3 年的保护。该计划的独特之处包括：

一、新加坡同类计划中第一个包含心理治疗，为女性提供心理健康支持的计划。③该产品为女性的重度抑郁症或广泛性焦虑症提供 10% 的保额保障。

二、通过体外受精、宫内人工授精和宫颈内人工授精等辅助方式怀孕也可通过加费投保。

三、孩子可在出生后 90 天内无须核保购买宏利人寿的任何保险产品。

案例 5 Prudential PRUMU 计划

Prudential PRUMU 计划是保诚保险在香港市场推出的一款保险期间为 4 年的孕期保险计划，提供 4 种保证保障选项，保障范围包括 13 种妊娠并发症、25 种先天性疾病、心理健康护理、妊娠糖尿病④和住院护理保

① 资料来源：Manulife ReadyMummy：ReadyMummy | Pregnancy and Maternity Insurance | Manulife Singapore。

② 该计划涵盖最多 2 个因单次怀孕而出生的新生儿；和来自辅助生殖技术且没有并发症的单胎妊娠。

③ 资料来源：Manulife ReadyMummy (Eng)。

④ 妊娠糖尿病病症的保障包括妊娠糖尿病所导致的胎儿巨大症和新生儿低血糖症、产后 6—8 个星期后所引发的 2 型糖尿病病症，以及妊娠并发症。

障。该计划的独特之处包括：

一、除自然怀孕的女性，该计划还承保通过体外受精（IVF）、宫内人工授精（IUI）和宫颈内人工授精（ICI）等辅助方式而怀孕的女性；

二、该计划能为女性在生产后提供多达 60 天的精神护理，即产后抑郁症和心理问诊治疗。[①]

案例 6 阳光财险单取卵周期辅助生殖（试管婴儿）手术保险

2022 年 7 月 25 日，国家卫生健康委、国家发展改革委等 17 个部门印发《关于进一步完善和落实积极生育支持措施的指导意见》，明确提出指导推动医疗机构通过辅助生殖技术等手段，向群众提供有针对性的服务，提高不孕不育防治水平。

体外受精－胚胎移植及其衍生技术（“试管婴儿”）是一项常见的辅助生殖技术，但高昂的费用和随年龄递减的低成功率是阻碍很多家庭选择它的主要原因。

2023 年初，阳光财险在深圳推出了单取卵周期辅助生殖（试管婴儿）手术保险，帮助不孕不育家庭缓解试管婴儿手术过程中的财务压力。

与其他生育治疗保险类似，这款产品可以承保年龄在 20—40 周岁（含）的满足约定条件的女性。

女性客户在约定的医疗机构接受试管婴儿手术，该次单取卵周期内，胚胎或囊胚移植临床妊娠连续失败的次数达到约定次数，即可申请定额赔

① 资料来源：保诚官网 https://www.prudential.com.sg/products/life-insurance/maternity-insurance/prumum。

付保险金。

同时，阳光财险还为客户提供相应的健康管理服务，例如定制针对性治疗方案、关键节点院内陪诊及术前术后管家一对一服务等，以确保客户获得最好治疗效果。

目前我国市场上孕期保险和生育治疗保险产品并不多见，但由于生育过程的复杂多样，生育相关保险的创新方向较多，保险公司可以借鉴国内外经验进一步提升产品的竞争力和吸引力。

该类产品通过为女性提供孕前、孕期和产后的财务、医疗及心理健康支持，为新生儿提供更多的健康保障，可以缓解女性的孕产压力，降低新生儿死亡率，达到提高生育率和缓解社会中性别不平等问题的效果，为ESG 中的社会议题作出积极贡献。

（三）运营端：数字化技术助力保险和服务创新

数字化技术已经渗透到金融业的方方面面。在保险领域，数字化技术在销售渠道、产品形态、运营模式等众多环节支撑着全方位、多层次、高效率的经营创新。

互联网保险的出现拓宽了销售渠道，使得保险公司更加高效地触达客户。同时，由于购买互联网保险的用户往往是有着独特消费习惯的年轻一代，按照其习惯来开发新的产品形态，才能实现客群可持续发展。

健康管理服务在手机 App 和家用智能设备的助力下，能对被保险人进行及时的运动监测和健康评估，实现保险服务前置，用预防替代治疗，既降低保险公司赔付率又提高社会健康水平。

可以看到，新技术与其催生的新业态正在以前所未有的效率与质量推动着保险价值链条的全面升级，融会贯通传统经济效益和前沿 ESG 社会效益，深度影响着行业格局；而促进数字化技术、ESG 与传统保险产品的融合协调发展，将成为行业与社会共赢共荣的关键。

本小节将通过四个案例，分别介绍此类数字化技术支持的产品创新。

1. 微型互联网保险

近年来数字化技术支持的渠道创新，一般是在互联网渠道通过手机 App 和家用智能设备改变传统的保险销售模式和流程，提高销售效率和客户体验。这种创新不仅是销售方式的变革，往往也伴随着产品形态的碎片化。

首先，由于互联网渠道属于线上交易，现阶段用户都倾向于小额交易，故而促使保险产品向微型化发展。

其次，借助大数据分析，保险公司能更多地掌握互联网渠道的客户画像，更加精准地了解客户需求，推出更加细分、个性化的保险产品。

下面是一个典型的互联网渠道微型保险案例。

案例 1 NTUC Snack 微型保险

2020 年 6 月，新加坡 NTUC 根据数字化技术下新渠道的特点，针对临时工、年轻族等人群设计了可叠加的微型保险 Snack by Income。[①] 该产品通过增加保障内容的多样性、拓展销售渠道，降低了购买保险产品的门

① 资料来源：THE ONLY SNACK YOU WILL NEED（snackbyincome.sg），https://www.snackbyincome.sg/。

槛，使保险产品可以服务更多的大众群体。

Snack by Income 是一个行业性的创新保险主张，它彻底改变了消费者在新加坡参与、购买和获得保险保障的方式。[①] Snack by Income 涵盖的保险产品包括定期寿险、重疾险以及人身意外险。[②] 投保人可以：

- 利用碎片化时间轻松获取定制化的保险产品：用户每次通过 Snack by Income 的手机 App 购买一项生活产品或服务（如点餐、购物或乘坐公交等）时，可以同时选择缴纳低至 0.3 新元的保费，购买一份微型保险。用户可以逐渐购买叠加多张小额保单，定制化保障内容，扩大保障范围。
- 灵活选择缴费时间及频率，最低可以选择每周缴费：投保人还可以基于其喜欢的生活方式（如点餐、购物或乘坐公共交通工具等）以及收入情况决定何时以及多久支付一次保费，同时也可设定每周保费金额上限。
- 获得随时间累积而增大的保障范围：小额保单的保险期间是自支付之日起的 360 天。每张小额保单有其单独的保额，某个时间点客户的总保额是在该时间点所有的有效小额保单的保额的总和。即使客户停止使用 App 或缴纳保费达到每周上限，其累积保障仍然有效直到所有小额保单失效。

---

① 资料来源：NTUC Income launches SNACK，Singapore’s first bite-sized，stackable insurance that seamlessly integrates into daily lifestyle activities | Income Insurance，https://www.income.com.sg/about-us/corporate-information/press-releases/ntuc-income-launches-snack，-singapore%E2%80%99s-first-bite。

② 资料来源：SNACK By Income Review（Insurance From Just $0.30）| Financially Independent Pharmacist（thefipharmacist.com），https://thefipharmacist.com/snack-by-income-review/。

Snack by Income 可以随用户的日常活动建立专属的保险保障，加上小额保险保费低廉，且可以随时开始、停止和调整其保费缴纳方式和额度，这种新的保险模式增强了保险的可及性，并让更多人得到保障。

随后 NTUC 又开发了 Snack Investment 探索微型投资计划新模式。Snack Investment 专为热衷于投资却因传统投资的壁垒较高而不具有投资资格的人群开发。用户可以在 Snack Investment 上创建账户，并将小额保费（1—10 新元不等）与其生活方式联系起来，由此建立投资组合，并在每周开始时进行购买。同时用户可为每周投资设定上限，并可随时撤回投资。[①]

此外，用户还可以在 Snack by Income 移动应用程序上使用 Snack Fit。Snack Fit 根据连接的健身追踪器（如健身手表）记录的活动数据计算一个人的生物年龄，并在一个人的生物年龄小于实际年龄时提供额外保额。Snack Fit 激励用户通过加强运动获得更多保额，鼓励用户选择健康的生活方式。[②]

---

① 资料来源：NTUC Income launches SNACK Investment, an industry-first Micro Investment-Linked Plan that integrates micro-investments into consumers' everyday lives | Income Insurance，https://www.income.com.sg/about-us/corporate-information/press-releases/ntuc-income-launches-snack-investment，-an-industry。

② 资料来源：NTUC Income launches SNACKFIT, a first-of-its-kind fitness and lifestyle proposition that offers bonus insurance coverage based on biological age - International Cooperative and Mutual Insurance Federation (icmif.org)，https://www.icmif.org/news_story/ntuc-income-launches-snackfit-a-first-of-its-kind-fitness-and-lifestyle-proposition-that-offers-bonus-insurance-coverage-based-on-biological-age/。

2. 健康服务计划

“保险＋服务”并非新事物，但数字化技术下的“保险＋服务”不仅是传统保险服务的升级，例如核保自动化、理赔无纸化，还可以在保单存续期间持续地提供各类及时、全面的服务，成为一种全新的产品创新模式。

随着经济的发展，人们的生活水平不断提高，对健康的关注度也越来越高。部分保险公司将保险服务前移，在产品开发中内嵌事前健康管理，鼓励引导积极健康的生活方式以及早期体检与健康评估，以降低疾病发生率，助力公众健康以及社会福祉。

同时，数字化技术可以促进保险公司与其他行业的合作，例如医疗行业，为客户提供更加全面的“保险＋服务”解决方案，也为相关行业引流，从而实现生态共赢。

案例 2 AIA Vitality 服务

友邦保险的 AIA Vitality 属于一项反传统保险概念的保险产品服务。旨在帮助用户改善其健康和生活方式，该保险计划通过鼓励用户采取健康行为、参加健康活动和进行健康检查等方式，为用户提供积分，以激励其维持健康的生活方式。[①]

获取积分的具体方式包括体检、健康评估、舒适睡眠、营养饮食以及保持运动，以鼓励客户通过各项体检以及营养、压力源、睡眠质量等方面的健康评估来了解自身风险，尽早发现慢性病并有针对性地进行改进。用

① 资料来源：AIA Vitality 健康程式 | AIA Vitality 健康程式 | 友邦保险 香港 https://www.aia.com.hk/zh-hk/health-and-wellness/aia-vitality。

户获得积分后，可以以优惠的价格享受体检服务、进行营养咨询以深入了解自身健康状况；也可以在购买健康饮食、进行体能评估及健身、购买各种运动配置及器材、参加戒烟疗程中获得折扣来帮助客户提升健康水平。

总体来说，AIA Vitality 激励用户通过健康的生活方式来获得积分，获得的积分可以兑换各种奖励和优惠券运用于了解自身健康状况以及提升健康水平中，逐渐形成一个良性循环。通过友邦健康程式，用户可以获取个性化的健康服务和支持，了解自己的健康状况和风险，学习如何改善生活方式，提高健康水平，同时还能获得各种健康奖励和优惠。

长远来看，AIA Vitality 是一种为保险客户提供健康生活方式的服务，旨在提高人们的健康水平，减少医疗支出，在进行保险业务运营的过程中关注居民健康水平，助力健康生活方式的形成，积极推动全面健康和全民健康，将 ESG 理念中的公众健康融入保险产品服务中，践行社会责任。

案例 3 Manulife MOVE 计划

与 AIA Vitality 服务不同，宏利人寿推出的 Manulife MOVE 计划无须缴纳会费，但该计划要求用户在宏利人寿购买保险，而后通过 Manulife MOVE 计划实现对保费的折扣。① 目前的折扣力度主要分为三档：

1. 每日平均步数达到 5000 步时，可得到 5% 的保费折扣；
2. 每日平均步数达到 7000 步时，可得到 7% 的保费折扣；
3. 每日平均步数超过 10000 步时，可得到 10% 的保费折扣。

在保费折扣的基础上，宏利还推出了新的功能：

---

① 资料来源：MOVE 计划及应用程式 | 了解 ManulifeMOVE | 宏利香港。

- 步数目标及连跑纪录奖赏。全新“步数目标”功能，在鼓励用户建立健康习惯的同时，更可以赢取奖赏。通过参加这项新挑战，用户设定每天要完成的步数目标，连续四天达成目标即可获得连跑纪录，这项挑战有助于培养健康习惯，同时可以赢取连跑纪录奖励。
- MOVE活力指数功能。活力指数功能是首创的专利电子评分工具，以简单而全面的方式即时进行健康评估。系统由全球电子健康管理平台dacadoo提供技术支持，它基于大量临床数据、论文以及广泛科学数据，而宏利所使用的MOVE活力指数功能将此项技术化繁为简，为用户量身设计个人化的健康内容及建议，鼓励用户通过改善饮食、运动和睡眠等日常习惯来践行健康管理。

Manulife MOVE计划以步数为切入点，向用户提供健康生活方式建议，鼓励客户采取更健康的生活方式，如增加锻炼量、改善饮食、戒烟等。这些健康的生活方式不仅有益于个人的健康，也有益于环境和社会。Manulife MOVE计划的步数激励可以鼓励用户使用步行代替其他交通方式，助力减少因交通拥堵而产生的碳排放和空气污染，改善城市空气质量，帮助解决ESG理念下环境相关问题。

案例4 Asteron Life The Best Doctors Package

提供心理健康早期干预服务的保险

Asteron Life为购买其伤残保险的客户增添了一项新的心理健康支持服务——心理健康导航系统服务。该服务旨在为保单持有人提供专业的心理健康支持服务，以便他们在最需要时得到帮助。①

该心理健康支持服务适用于所有购买了 Asteron Life 伤残保险的 18 岁及以上的客户，无论他们以前是否接受过有关病情的护理。客户可以通过心理健康导航系统直接接触到多学科的心理健康专家团队，包括心理学家和精神病学家。该服务还提供有关心理健康状况的建议，并指导客户如何在心理健康导航系统中得到帮助。此外，该服务不需要支付额外的费用，所有保单持有人都可以随时使用。

提供心理健康保险的保险公司通常将其支持集中在索赔阶段，而 Asteron Life 将注意力转向早期干预，且心理健康支持服务不依赖于索赔，符合条件的客户无论是否提出索赔都可以使用它，该服务可以帮助客户在更早期的阶段进行心理健康方面的预防及治疗，这样更加全方位的医疗保障服务有助于提高人们的健康水平，减少疾病和医疗支出对家庭和社会的负担。

从以上三个保险服务计划来看，在数字化技术的支持下，保险公司可以推出各种与健康服务计划相联系的保险产品及服务，提供更多的、更全面的优质医疗保健服务，同时制定领先的综合健康和保健方案鼓励客户改善自身健康习惯，提高公众对于健康管理的意识，关注身体健康及心理健康，明确健康评估及检查的必要性，更加自觉地采取健康生活的方式。

---

① 资料来源：Asteron offers Best Doctors to more customers | Asteron Life。

四、总结

本专题简要介绍了当下热门的 ESG 理念并回顾了其发展历程，结合目前中国保险市场的相关监管动向，论述了其中各类议题与各类保险产品的关联，并通过国内外市场上的人身保险产品创新实例分类介绍了契合 ESG 理念的创新方向。

ESG 理念本身追求可持续发展，不仅为世界带来长期的环保效益，也从社会治理的角度追求稳定持续的增长、减少公司治理中的噪声，其受众面必将持续扩大。

中国保险市场的发展在数年的平台期后正在寻找新的动力。监管和市场对 ESG 理念和绿色金融的要求看似是对保险市场发展的限制，实则也是引导行业走向社会发展的新方向、发现保险行业发展的新机遇。

专题中归纳的符合 ESG 理念的人身保险产品创新的三大方向，一是从供给侧顺应 ESG 理念开发新的人身保险产品形态；二是跟随环境变化和社会发展的新问题寻找、扩大受众人群并针对其痛点开发相应人身保险产品；三是在日常运营中以数字化技术助力贯彻 ESG 理念，在渠道和产品形态上创新，响应低碳环保、纳入健康理念。这些创新方向都旨在助力行业满足新增的市场需求、覆盖更加全面的客群、提高自身运行效率。

总之，笔者希望借此专题普及保险业相关 ESG 知识，给予读者一定的启示，帮助寿险行业认清面对的挑战，也帮助寿险行业寻找到新的增长点。

专题报告二

商业养老保险需求研究
——微观和产品层面

年金保险具有在投保人生存期间提供持续稳定的现金流赔付的特质，在众多的人寿保险和资产管理产品中，这种特质与养老金领取的现金流模式具有天然的匹配性，这意味着商业养老保险有着与生俱来的刚性需求和业务基础。

本文首先针对最新的养老保险政策分析其对个人商业养老金融服务的作用和影响，说明制度建设对商业养老的促进作用；其次，从各个年龄段的潜在客户对商业养老保险的微观效用分析的视角，通过逻辑分析和实证研究说明商业养老保险对不同年龄的投保人的价值；最后，我们将对目前我国金融领域提供的养老产品从与实际需求匹配的角度进行可行性分析，具体分析领取期的商业养老保险的需求敏感性。探索从产品端视角进行商业养老保险需求研究的可能性和关注的重点，为围绕养老保险金融服务的深入理论研究和实证分析提供基础和建议。

一、概述

2022年10月26日，人力资源和社会保障部、财政部、国家税务总局、原银保监会、证监会联合印发《个人养老金实施办法》（人社部发〔2022〕70号，以下简称《实施办法》）。

《实施办法》的第二条明确指出，个人养老金是指政府政策支持、个人自愿参加、市场化运营、实现养老保险补充功能的制度。个人养老金实行个人账户制，缴费完全由参加人个人承担，自主选择购买符合规定的储蓄存款、理财产品、商业养老保险、公募基金等金融产品（以下统称“个人养老金产品”），实行完全积累，按照国家有关规定享受税收优惠政策。这一条首先明确了两个概念范畴：个人养老金和个人养老金产品，后者涵盖的产品中与保险公司相关的为“商业养老保险”。接着，进一步说明了个人养老金产品的两个基本属性：“完全积累”和“税收优惠”，虽然两个属性的具体定义有待落实，但明确了个人养老金产品最基本的储蓄和税优性质，即：个人养老金缴纳阶段的储蓄性，领取阶段的税收优惠性。

《实施办法》的第三条明确指出，个人养老金的参加人应当是在中国境内参加城镇职工基本养老保险或者城乡居民基本养老保险的劳动者。这表明，个人养老金适用于参加了基本养老保险的“劳动者”，“劳动者”一词仍需进一步的定义，但这一条明确了该办法的适用人群，按照养老保险三支柱的基本框架，可以认为《实施办法》是对前两个支柱的外延，利用社会保险的强制性鼓励劳动者进行主动的养老安排，同时引进金融资源提升和多元化个人养老金的投资管理。

《实施办法》的第十条指出，参加人自主决定个人养老金资金账户的投资计划，包括个人养老金产品的投资品种、投资金额等。这里对个人养老金资金账户的积累仍然采用了“投资”的用词，可以认为是对“完全积累”的一种说明，但仍需进一步明确。第十四条指出，鼓励参加人长期领取个人养老金，强调了养老金领取的长期属性，也就是现金流的终身年金属性。第十五条指出，参加人身故的，其个人养老金资金账户内的资产可以继承，但相应的继承方式并未明确。

《实施办法》的第三十四条指出，个人养老金产品应当具备运作安全、成熟稳定、标的规范、侧重长期保值等基本特征。从金融产品的属性看，上述的前两条与提供产品的金融机构有关，后面两条更多是产品的属性：标的规范、长期保值。虽然关于金融产品的“标的规范”的具体含义有待明确，但这两个要求定位了对养老金产品的投资标的和投资特征的要求。实际上，个人养老金产品作为一种金融产品，对其提出的要求应该按照对金融产品的标准和惯例进行刻画，例如：是否保本、投资标的、账户或单位净值化等。此外，第二条指出，个人养老金产品包括：储蓄存款、理财产品、商业养老保险和公募基金等金融产品，其中的理财产品和公募基金是不满足保本条件的，这些有待进一步完善。

《实施办法》的适用人群为基本养老保险的参加者，根据人力资源和社会保障部的统计，截至2022年末，全国基本养老保险参保人数达10.5亿，同比增加2430万人。根据国家统计局2023年1月17日发布的2022年全年经济数据来看，总人口14.1175亿，其中各个年龄段占比：0—15岁占 18.2% 约 2.57 亿，16—59 岁占 62.0% 约 8.75 亿，60 岁及以上占 19.8% 约 2.795 亿，进而，16 岁及以上人口约为 11.55 亿人。从人口数据可以简单推测，我国 25—59 岁的人群应该是实现了基本养老保险的全覆盖。按照总人口的年龄比例：16—59 岁与 60 岁及以上约为 3 倍，基于这个比例，可以近似估计参加基本养老保险的 10.5 亿人口中，约 7.5 亿人为劳动力（积累期）人口、2.5 亿人为进入养老（领取）的人口，如果考虑到我国的基本养老保险制度（2000 年开始启动）的实施时间，10 亿参保人群中进入养老领取阶段的人数可能会更低。总之，可以初步估算，10 亿基本养老保险的参保人群中有约 8 亿人口为养老保险的缴费和积累阶段，这部分人群的年龄大概分布在 20 岁至 59 岁，且目前 50 岁左右（20 世纪 70 年代出生）的人群参保时间最长，根据国家统计局公布的我国各年出生人口数，1970—1979 年的出生总人口约为 2.17 亿，这批人既是基本养老保险的参保主力人群，也是《实施办法》的个人养老保险适用的主要人群。

根据人力资源和社会保障部于 2023 年 7 月 21 日召开的新闻发布会，截至 6 月底，全国 36 个先行城市（地区）开立个人养老金账户人数达 4030 万人，虽然未公布这部分人群的年龄和职业信息，但根据地区因素，可以想象这是一批对养老最敏感和有购买能力的群体，其主体应该是一、二线城市的中产阶层，这个群体也是商业养老保险主要的服务和市场对象。

政策性养老金制度的建立和发展对商业养老保险具有重要的促进作用，可以从两个方面解析。

一方面，政策性养老保险的保障水平一定是最基本的且较低的，对于中等收入阶层是不充分的，因此需要金融机构提供商业化的养老产品进行补充，且商业化养老的规模一定是与政策性养老规模同向发展，就当前的保障水平来分析，两者不存在抵销和冲突，是促进和共赢的。

另一方面，政策性养老保险的强制性和普遍性对于提高全民的养老意识和预期管理具有重要的促进意义。特别是在有劳动收入时期是很难自觉做到养老准备的，政府发起和推动的养老安排对提高公民的养老意识和感受具有不可替代的作用。

今后几年是税延优惠商业养老保险重要的培育和发展时期，是全国推广、经验积累和不断迭代的时期，也是产品设计大浪淘沙和养老服务经验积累的最好时期，我们将及时跟踪、解析和研判商业养老保险在产品和服务方面的发展进程，从产品和服务与需求匹配的视角进行研究积累。

本文希望聚焦商业养老保险需求的具体问题，结合我国目前的基本养老保险的政策、人口结构和人口的社会因素，具体分析当前不同年龄段劳动力人口的个人养老保险需求的主要特征，并针对市场中提供的养老金产品进行比较分析。主要包括三个部分：一是针对最新的养老保险政策分析其对个人商业养老金融服务的作用和影响；二是具体分析各个年龄段对养老保险需求的敏感性以及受益水平的差异；三是针对目前的养老保险市场现状，针对进入养老领取阶段的产品进行效益分析。

本文的结构如下：第二部分将讨论政策性养老保险制度对养老保险产品的影响；第三部分首先分析各个年龄段对养老保险的敏感性差异，然后综合缴费期和领取期评估各个年龄和利率水平下养老保险的价值；第四部分选择市场中六个养老年金产品，分析纯领取期产品和服务的价值以及不足和有待改进之处；第五部分进行概要式的总结和下一步研究展望。

二、政策性养老保险制度对养老保险产品需求的影响

按照直观的逻辑，具有税收优惠和税收递延政策的养老保险产品理应受到市场的广泛欢迎，但是，各国的实践表明，存在养老需求的劳动者并不是对税收优惠有很强的敏感。理论研究中，税优与购买需求的关系是建立在理性投资和无（或者较低）交易成本的前提下，但经验证据表明，劳动者的最终购买行为受到很多因素的影响，如养老意识、收入情况、消费模式和社会人文环境等。从《实施办法》启动的半年多的情况看，个人养老金实施 3 个月时，参加人数达 2817 万人，此后开户人数增速有所放慢。同时，“开户热缴存冷”的现象也较为明显。根据记者随机采访的已开户未缴存的参加者，他们提及的共同原因是：第一，开户可以获得奖励；第二，个人养老金资金是超长期缴存，担心其流动性，特别是年轻人担心急需用钱时取不出来；第三，从投资收益率看，提供的相关产品的整体表现与当前的其他金融投资产品相比缺乏吸引力。

自 2022 年 11 月 25 日正式启动实施个人养老金制度满 8 个月时，个人养老金产品总量已达 674 款，涵盖银行储蓄类产品、基金产品、保险产品以及银行理财产品。

储蓄类产品数量最多达 465 款，分属多家银行，参与者在哪家银行开设个人养老金资金账户，就只能购买该行的个人养老金储蓄类产品。特定养老储蓄产品包括整存整取、零存整取和整存零取三种类型，产品期限分为 5 年、10 年、15 年和 20 年四档，产品利率略高于大型银行五年期定

期存款的挂牌利率，而储户在单家试点银行特定养老储蓄产品存款本金上限为50万元。试点的各个银行的特定养老储蓄产品在不同试点地区利率略有差异，例如，工商银行整存整取在广州、成都、西安三地为4.00%，青岛、合肥为3.50%；整存零取、零存整取在广州、成都、西安三地为2.25%，在青岛、合肥为2.05%。同期的5年期定期存款挂牌利率为2.65%。同时，储户要满足“满55周岁可支取”，这意味着购买特定养老储蓄产品的储户至少要在35周岁（含）以上，储户年龄+产品期限≥55，整存零取必须在55周岁（含）以上。

基金产品达152只，总规模约50亿元，从成立以来的净值增长率来看，最高的净值增长率为3.56%，但目前这些基金大部分都在封闭期，短期收益率无法代表未来的走势。养老目标日期基金和养老目标风险基金是公募基金专门针对养老需求设计的两大类基金产品，这些以养老为目的的公募基金产品与一般产品的最大差异是资金投资目的不同。养老的保本和长期属性与公募基金的净值化、灵活配置和风险收益目标并不是天然一致的，为了符合投资基金的养老属性，养老类公募基金的产品条款对最短持有期有1年至4年的要求，约束了投资人的现金流，牺牲了流动性，这与公募基金的基本属性有所背离。

从个人养老金保险产品来看，共有39款产品，与4月底披露的数据相比，增加了7款产品。从参与的保险机构来看，共涉及17家公司，以大型险企、银行系险企和专业养老险公司为主。根据2022年11月份原银保监会发布的《关于保险公司开展个人养老金业务有关事项的通知》，保险公司开展个人养老金业务需要满足上年度末所有者权益不低于50亿元且不低于公司股本（实收资本）的 75%；上年度末综合偿付能力充足率不低于 150%、核心偿付能力充足率不低于 75%；最近 4 个季度风险综合评级不低于 B 类等要求。据此梳理，约有 29 家保险机构可以参与该业务。

银行养老理财产品最初的产品形态为短期（一般不超过一年）产品，这与养老投资的属性完全不符，《实施办法》中加入了银行理财产品，可能主要是为了提高劳动者的养老意识，同时，在一定程度上丰富养老投资产品，共有 18 款个人养老金理财产品。

个人养老金是以投资者自身需求和偏好特征为主的投资资金，可以按照年龄、职业、地区和家庭状态进行背景特征画像。从平均的角度看，年龄是一个最重要的划分特征，假设养老金缴费者从 25 岁到 50 岁，25 岁到 35 岁、35 岁到 45 岁和 45 岁以上三个年龄段的养老意识和切身感受是完全不同的，前面两个年龄段的劳动者对于依靠子女养老的认知不强，对自身的收入安排也是随职业和收入水平的不同而差异巨大，三者所经历的经济发展阶段和社会变迁不同，对金融投资的认知也是不同的。所以，根据不同投资者的个人需求，提供更加个性化产品和相应的服务至关重要。

长期有保障是养老金资金的核心属性，关注的重点是产品的稳定收益性，因此对风险控制和透明度等方面的要求将高于一般的金融投资。为此，需要金融机构在产品设计和投资管理方面投入持续的研发和迭代，这是一个真正的长期价值投资，其投资资金也是金融投资领域具有价值性和长期性的重要力量。

对于养老个体来说，养老投资是其人生发展规划的组成部分，不是简单的金融投资问题，个人养老金制度的顶层设计（理念、逻辑）要与可行的落地机制充分结合，对于服务型金融投资产品的研发、市场的培育与公众通识教育等都需要跟进，而不只是简单地推出产品和评估投资收益。同时，金融机构自身也需要对围绕养老金投资的制度和产品服务有更本质的理解，配套相应的治理结构和管理模式，这也是提升我国金融机构投资管理能力的一个重要契机。

养老服务缺口和养老购买不足间的矛盾，以及当前政策和金融机构认为的理想的养老安排与个人对未来养老需求不可预期的认识之间的矛盾，这两大矛盾都将导致养老保险第二和第三支柱的建设是一个漫长的过程，要使劳动者充分认识当前的养老准备与未来的养老保障之间的关联关系，养老保险政策和金融商业服务要密切合作、共同发力。

三、各个年龄的养老保险需求微观分析

人寿保险是人类对未来的确定性支出的长期准备，随着人类科技和文化现代化的发展，人类有可能对未来的需求进行当前的管理，但学术研究和现实经验都未证实这种未雨绸缪的意识和行为是否有上升的趋势。随着现代化的进程，人类独立意识的加强和科技进步带来了生活的便利与满足感，而人类对未来的不确定甚至是确定的损失或者风险的主动管理意识是否会相应的增强，这一点还有待进一步的理论研究和实证分析。

令人意外的是，即使是如美国等经济发达的国家和地区，仍然存在年金谜题问题，即：人们主动地对老年风险的财务规划还是选择储蓄和投资，而不是选择年金保险。2022 年底推出的《实施办法》中提供的四类

产品，也是储蓄和公募基金的配置更多。从这种选择结果看，劳动者对未来养老的财务规划仍以安全和收益为主要考虑因素，而年金保险产品独特的未来稳定现金流的性质并未得到充分的认识，就像基本的工资收入是劳动者最有保证和稳定的收入来源，因为基本和日常，反而不如因资金投资而产生的收益那样有感觉；或者说，大多数劳动者对个人养老财务规划的认知还是停留在投资收益而不是稳定现金流的层面。

目前关于商业养老保险需求要素的研究，大多是将养老保险看作一种市场化的商品，从市场供需机制和消费者理性预期（消费）假设出发，研究影响供需的关键要素，进而通过研究要素的预测与控制进行供需的预期与管理。从社会和人口视角看这些关键要素包括：（1）人口老龄化等人口结构；（2）人群健康水平及其变化引发的健康和医疗状况；（3）抚养赡养比例等社会结构。

关于养老需求影响因素的梳理主要是基于基本原理和逻辑关系，还需要深入探寻这些因素与养老需求水平之间的明确的关联关系，考虑到我国自 20 世纪 80 年代至今 40 余年的经济发展历史和现状，当前不同的年龄段所受教育水平、家庭结构、社会保障程度和消费习惯均存在较大的差异。因此，我们认为应该从微观层面具体分析不同年龄段对商业养老保险需求的差异性，这类研究将具体从不同年龄的社会经济背景来分析其对商业养老保险的需求。

（一）不同年龄的养老需求敏感性分析

不同人群有不同的商业养老保险的潜在购买能力和有效需求，现有专门围绕不同人群的商业养老保险需求水平开展的实证研究，探索商业养老保险最可能目标人群的主要特征，尤其是可以进行有效预测的群体特征和营销导向的可获得的特征。这类研究的实务视角意义较强。一方面，对于关键人群的特征研究可以帮助养老政策制定者、监管机构和商业机构对标各自的目标人群，精准识别商业养老保险作为第三支柱的潜在购买力，并通过跟踪和调研该群体的变化趋势和行为规律来预判养老金群体的整体走向；另一方面，商业机构也可以通过了解和掌握关键人群的特征，进行有效的市场培育、制定针对性的营销策略和提高销售的转化率，为商业养老保险产品和服务的个性化设计及精准化售后管理提供支持。

年龄特征是养老保险研究最经典和主要的研究对象，年龄特征包含两个方面：当前的年龄和出生年代，当前年龄直接影响养老需求的现实性和敏感性，出生的年代决定了该人群对社会人文和经济的认知，进而间接影响其对养老需求的认识。现有的研究通过关注实际成交和有购买欲望的群体的年龄特征，分析不同年龄阶段对商业养老保险需求的认识和敏感性；人群的出生年代是目前较为关注的问题，出生年代的不同可能会在健康水平、财务态度、风险视角和文化差异等方面产生不同的保险需求。

人类的天性就是更加重视眼前的风险和收益，很难真正主动地对自己的未来进行长远的规划。例如，国家和政府的义务性中小学基础教育从儿童个人和父母视角都不一定是符合个人意愿的，发达国家与发展中国家近百年的实践均表明，国民基本上接受了这种面向未来的当前投入。类似地，在灾害预防、社会保障等未预期的风险损失防范中，政府是最重要的坚守者和保障者。如果，我们用这样的认识来分析个人的财富管理，经典的微观经济学或金融经济学的消费（当前）投资（未来）理论也是需要很强的人类认知的基础，关于金融投资学的学术研究越来越认识到人类在投资领域的“不理性”，至少是对当前收益与未来风险的感觉是不同的。

在现实社会中，我们可以看到只有对国家的发展和社会民众抱有一种长期负责任态度的长期执政的政府，才会对政府资金进行长期投资的规划，同时也会鼓励社会资金和个人在满足当前的基本需求后进行长期的财务规划。然而，即使是商业的机构投资者也很难真正做长期投资的规划，我国资本市场投资的 20 多年历史也验证了这个现象，可能是股东认知问题，可能是管理层的绩效驱动，也可能是市场群体效应。总之，这些现象不是理论能解释的，但却是符合现实逻辑的，如何促进和奖励主动进行金融投资的长期规划，是一个理论和实践都具有挑战性的问题。

关于个人养老的财富规划，与长期投资类似，很难要求个人具有这样的一种长期性和前瞻性。在传统社会组织中，因为家族日常生活的多代际融合交织和潜移默化的传承，使得年轻人不得不直面长者和承担责任并逐渐建立起家族文化和经济的传承，进而实现了个人无意识和自然的面向未来的长远安排。进入现代社会，特别是发达国家近百年的现代经济和文明发展，由于受教育的增强、经济发展和社会服务的便利使得人类的独立性加强，另一方面，个人对独立性和自我意识有清醒的认识，社会各个年龄群体之间的割裂增加，年轻人对老年的感受更多是社会意义的而不是来自亲人。这些成长背景，很难从理性上要求新人类主动地、自觉地对自己的未来有更长远的人生和财务规划。

与西方发达国家相比，中国的现代化进程在过去的 100 年是曲折和多样的，目前我国 20 岁以上的国民大都是出生在 20 个世纪，这也是与养老有一定的相关性的人群，其成长过程、受教育程度和财富水平，以及对未来进行财务规划的认识和主动性都是不同的。因此，关于个人商业养老分析也具有与发达市场不同的特征，从金融理论的角度进行研究也是独特之处。

根据上述基本分析，我们将按照年龄特征对我国目前的商业养老保险的可能目标人群进行简单的养老偏好分析，表 1 为汇总信息。其中前两列按照 10 年的单位定义人群，第三列为各个人群与发生养老需求的时间距离，决定了该人群的养老问题的真实性；第四列分析了各个人群对养老资金使用和偏好的特征以及效用的侧重点，具体包括：疾病治疗、看护和稳定收入，接近退休和退休后的人群对稳定收入的偏好极强；最后两列分别讨论了各个人群对投资收益率和现金流的敏感性，借以说明在个人养老规划中，投资收益和现金流是两个不同的偏好和体感。

表 1　年龄与养老偏好

出生年份	年龄（2023）	与养老需求真实发生的时间距离	养老资金使用或偏好和效用的侧重点	养老投资收益率的敏感性	养老现金流的敏感性
[1950，1959）	[64，73）	已发生	大病治疗、看护成本	不敏感	极强，有现实的现金流需求
[1960，1969）	[54，63）	＜7 年	稳定收入，大病治疗	一定的敏感性，偏好投资收益的资金配置较少	极强，有现实的现金流需求

（续表）

出生年份	年龄（2023）	与养老需求真实发生的时间距离	养老资金使用或偏好和效用的侧重点	养老投资收益率的敏感性	养老现金流的敏感性
[1970，1979）	[44，53）	7—17 年	大病治疗、看护成本、资金保值	整体较弱的敏感性，因职业等背景有差异化	有一定的意识，较弱的体感
[1980，1989）	[34，43）	17—27 年	有一定的主动意识进行积极充分的财富积累	较强的敏感性，可以接受投资风险	对现金流与收益率等同对待
[1990，1999）	[24，33）	27—37 年	无感、无主观偏好，需要外部力量强制或特别的投资吸引力	极强的敏感性，并未形成明显的阶层分化，差异性较小	没有概念，资金的流动性敏感

从表 1 的简单列示，我们可以初步认识到 5 个年龄段在个人养老保险方面的认知、偏好和可能的需求，其中最为主力的人群是“60 后”和“70 后”，这也是我国出生人口的高峰时期，这两个人群的总人口约有 3 亿。这一人群的成长经历和当前的社会分化较大，需要进一步有针对性的研究和分析。表 1 在养老金规划问题中第一次提出了要区分投资收益率和现金流的问题，对于即将和已经进入养老阶段的人群，定期稳定的现金流收入比不确定的投资收益率更加重要，这也是年金保险与银行储蓄和公募基金最大的差异，诚然，该问题也需要从金融理论上进行深入研究和分析。

商业养老保险关键人群的特征与商业保险的需求存在一定的相互作用，虽然我们上面的研究更多专注于特定群体本身的特征，但是希望从这些非常微观的特征和具体的思考出发，可以更加准确和有针对性的分析我国当前的商业养老保险需求的社会背景和基本逻辑，进而支持制度建设和产品服务。

（二）养老保险年金领取水平分析

年金保险产品的主要特征是长期稳定的现金流，无论是缴费期还是领取期，现金流支付是一个关键要素。一般劳动者的稳定现金流主要包括：工资收入（月）、社会保险支出（月）、公积金支出（月）和可能的按揭贷款支出（月）。

年金的现金流下面，我们对年金保险的缴费与领取现金流的比例关系进行简单的计算，进而分析和比较不同年龄购买年金保险的价值。

考虑如下的情景：假设消费者从某个年龄开始逐年缴纳年金保险费直至 60 周岁，然后逐年领取养老金直至身故。利用中国人身保险业经验生命表（2010—2013）养老类业务表（男、女），根据不同的年利率计算终值和现值，假设领取的金额为缴费金额的 k 倍，表 2[①] 分别给出了男性和女性在各种年龄和利率情景的领取金额的倍数 k 的数值。

表 2　不同缴费年龄的年金领取倍数 k

年利率 / 起始年龄	3.00%	3.50%	4.00%	4.50%	5.00%
30（男）	2.87	3.31	3.81	4.39	5.04
30（女）	2.56	2.96	3.43	3.97	4.58

① 北京大学数学科学学院金融硕士 2022 级学生周思远和朱妍博提供了本表的计算。

（续表）

起始年龄＼年利率	3.00%	3.50%	4.00%	4.50%	5.00%
35（男）	2.19	2.49	2.82	3.19	3.61
35（女）	1.96	2.23	2.54	2.89	3.29
40（男）	1.61	1.80	2.01	2.24	2.49
40（女）	1.44	1.62	1.81	2.03	2.27
45（男）	1.11	1.22	1.34	1.47	1.62
45（女）	0.99	1.10	1.22	1.34	1.48
50（男）	0.68	0.74	0.80	0.87	0.94
50（女）	0.61	0.67	0.73	0.79	0.86

表 2 的计算结果可以得到以下的结论：

（1）倍数区间约为 60%—500%，50 岁开始购买，领取金额为缴费的 60%，30 岁在 5% 利率下可达到近 5 倍。

（2）固定年龄时，利率对领取倍数的影响约为 4 倍。利率在 3%—5% 之间领取倍数的差异为 4.23—5.39 倍。

（3）固定利率时，年龄对领取倍数的影响约为 1.5 倍。年龄在 30 岁—50 岁之间领取倍数的差异为 1.76—1.37 倍。

但仅从表 2 给出的现金流倍数进行比较并不合理，因为不同缴费年龄的缴费期与领取期的比例关系不同，如果按照中国人身保险业经验生命表（2010—2013）养老类业务表（男、女）计算 60 岁的女性和男性的预期寿命分别为 84.8 岁和 88.8 岁，即未来的领取期预期约为 25 年和 29 年，与之相应的，35 岁之后开始缴费都是预期缴费期低于平均领取期。

进一步，我们将表 2 的倍数用缴费的年数与 24.8（男）或 28.8（女）

进行调整，可以得到表 3。

表 3　不同缴费年龄的年金领取倍数 k（缴费领取年数调整）

起始年龄＼年利率	3.00%	3.50%	4.00%	4.50%	5.00%	调整系数
30（男）	2.37	2.74	3.15	3.63	4.17	0.827
30（女）	2.46	2.84	3.29	3.81	4.40	0.960
35（男）	2.17	2.47	2.80	3.16	3.58	0.992
35（女）	2.26	2.57	2.93	3.33	3.79	1.152
40（男）	2.00	2.23	2.49	2.78	3.09	1.240
40（女）	2.07	2.33	2.61	2.92	3.27	1.440
45（男）	1.84	2.02	2.22	2.43	2.68	1.653
45（女）	1.90	2.11	2.34	2.57	2.84	1.920
50（男）	1.69	1.84	1.98	2.16	2.33	2.480
50（女）	1.76	1.93	2.10	2.28	2.48	2.880

从表 3 可以看到关于领取与缴费比例的结论调整为：

（1）倍数区间约为 169%—440%，所有年龄和利率情景下，年金养老的领取与缴费的价值比都约高于 1.7 倍。

（2）利率和年龄对调整后的领取倍数的影响也是大致相当的。

通过这个简单的计算示例，我们可以发现养老保险现金流属性和长期属性，体现在它的缴费期和领取期，只有年金保险具有的长期稳定的现金流属性才可以带来价值。长期稳定现金流的价值体现为领取与缴费的某种比例，即使是 3% 的利率水平也可以达到 1.6 倍左右，而且这个比例与利率（投资收益）水平不在一个量级，年金养老保险的价值与储蓄和投资的价值进行比较是没有意义的，后者不是稳定的现金流。当然，如果简单的用投资收益率进行说明，可以将这个比例理解为投入产出比，那么从现有的长期性金融产品看，长期平衡稳定的1.6倍的投入产出比，将是一个相当有价值的长期投资。

四、养老保险产品的实证研究

本部分我们将从保险市场中选择一些具体的养老年金保险产品，实证分析这些产品所提供的养老保障形态与所选人群需求的匹配问题，分析现行产品所提供的养老保险责任与人们的养老需求的匹配程度，购买保险在多大程度上可以有效解决人们在养老阶段的资金需要和服务需求，是否可以借助商业养老保险金实现在给付期的老年收入和生活水平的稳定，进而对产品和服务提出切实可行的改进意见。

产品形态与需求匹配的研究在微观上可以指导产品设计和经营，同时也具有宏观意义，可以帮助政府和金融机构监管者充分利用各种工具在解决养老方面发挥不同的作用，有效借用社会力量建设养老保险第三支柱，促进保险行业提高服务水平和专业技能，以满足消费者的真实需求。

从现实看，养老缺口的刚性一般发生于老龄阶段，即“50后”和“60后”，20世纪60年代的生育高峰群体从2020年到2029年开始逐渐进入60岁退休阶段，粗略估计到2029年退休人口可能接近2亿，年龄在60—70岁之间。从目前我国主要的城镇职工的退休金情况看，最近几年的退休职工（个体、企业、事业单位）的月退休金在3000—10000元之间，大多为5000元左右，因为退休金收入（生活所在地的消费水平）与工资挂钩，各类城镇职工的基本退休金大多可以满足最基本的生活需求（吃、住、行），但由于其各自工作期间的收入水平和财富积累的差异，对老龄阶段的需求也存在区别。该年龄段的老人大多数还会有生活品质、旅游和文化生活等方面的消费需求，也是我国消费市场中一个重要的消费人群。因此，部分对养老有更高需求的群体也是有一定养老保险保费支付能力的群体，对于这类群体提供有针对性的养老保险补充服务具有很强的现实意义。

下面，我们以一个具体的养老个体的需求为例，对现有的产品进行分析。考虑生活在一线城市的60岁女性，希望购买如下的养老保险产品：趸交100万元保费、从65岁开始逐月领取养老金直至身故。假设该被保险人在65岁退休时的月度退休金为1万元，趸交100万元保费只是为了使得计算结果简单易懂，没有其他的意义，也可以为50万元保费，月领养老保险金也做相应的调整。

针对上述需求，我们可以首先盲猜一下人们直观上第一反应的月度领取的养老金金额，从笔者对不同人群测试的结果看，大多数人的反应在8000—10000元。或者说，在60岁有能力用50万元（积蓄的50%、30%或10%）购买养老保险的投保人，其购买保险的目的不是基本养老，而是补充老年阶段的月度4000元的额外需求：活力老人的消费、养生保健和简单医疗。

我们从市场中收集了大致满足上述要求的产品，汇总于表4，可以看出养老金领取金额5600元左右，基本上是预期的50%—70%，但仅凭这个数值并不说明问题，应该是按照行业生命表和一定的贴现率精算定价的结果。下面，我们从几个方面简单分析这些产品与进入养老金领取阶段人群的真实需求的匹配情况。

首先，最突出的是所有产品都提供了在领取期间身故的保险责任，有三个产品是以保费返还的方式，有三个产品是以身故保险金的方式。我们没有仔细计算这部分保险责任在保费中的占比，但无论占比如何，这部分责任与养老保险的真实需求不符。养老保险产品的保障责任是被保险人老年生存期间的固定收入，最后的身故给付对养老保险的受益人没有意义，加入身故责任，养老的作用反而下降了。[①]

理论上养老金是用于解决长寿风险，平均意义上，其购买者应该是认为自己可以生存至超过平均年龄，但目前的市场是购买者对自己的长寿没有信心，所以要给他们身故保证才能有市场，当然，也可能是这种产品与客户群是相互促进和成就了。从业管实务看，身故责任的考虑是：给付年金需要验证其是否生存，否则在自动转账的情况下会有多付的风险，加入身故责任后最后清算的时候就不用考虑是否多付以及被保险人身故之后多领的问题。但这些问题不应成为养老保险产品保障不纯粹的理由，为了避免子女或者继承人故意不及时报告被保险人身故的道德风险，可以先在大城市试行不含身故责任的纯养老保险，与医疗系统建立及时的死亡通告机制，这也应该是人寿保险公司最基本的基础建设，而不只是养老保险特殊的需要，保险公司的高效和精细化管理不只是降费增效，还有提高行业声誉、鼓励公众进行主动的人身风险管理的意义。

---

① 关于养老保险领取期身故赔付的讨论综合了以下精算师的部分观点：赵瑞君，王小康、李建华、张利凯和张晓博等。

表 4　养老年金产品（60 岁女性投保、趸交保费 100 万元）

产品代号	产品 A	产品 B	产品 C	产品 D	产品 E	产品 F
上市年份	2021	2021	2022	2022	2020	2021
投保人年龄	未明确	18 岁以上	0—80	0—69	未明确	未明确
保险责任	养老年金、身故保险金			养老年金		
保险期间	终身	终身	终身，106 岁	20 年	85 岁	20 年
起始领取年龄	65 周岁	65 周岁	即期领取	65 周岁	65 周岁	65 周岁
月养老金领取金额（元）身故养保费返还	6136.55	6035.00	3847.08	5788.5 若领取期间身故，支付：在保证领取期间内应给付的养老年金总额扣除我们累计已给付的养老年金后的余额	5368 若领取期间身故，支付：在保证领取期间内应给付的养老年金总额扣除我们累计已给付的养老年金后的余额	5610 若领取期间身故，支付：在保证领取期间内应给付的养老年金总额扣除我们累计已给付的养老年金后的余额
养老金领取期间身故领取金	身故时本合同累计已交保险费扣减已经领取的养老年金后的金额与 0 的较大者给付身故保险金			0		

其次，目前市场的这些产品都是非常单一和同质的，公司之间只是恶性竞争，或者是说没有意义的竞争，因为对于投保人来说，这些产品没有根本上的差异，选择哪个公司就是看销售的个人能力或者一些偶然的因

素。所以，从目前的市场看，非常有必要深入开发契合养老服务的更加丰富的保险产品。

在退休最初的几年，年龄在 65 岁到 75 岁的大部分老人是所谓的活力老人，对这部分老人来说，还是有除基本生活之外的消费能力的，他们会在饮食、旅游等其他的文化生活方面有消费需求，而且是因人而异的，因此，现金流收入是存在刚需的和有意义的。在 75 岁之后到 85 岁这个年龄段，平均意义上讲，大部分老人需要的是看护、陪伴或者类似的服务性需求，差异性不大，纯粹的现金流可能不如明确的服务更有意义，现金流收入如果可以转换为提供品种的服务应该更契合需求。

最后，关于年金的现金流方式也可以更加丰富，考虑逐渐降低现金流，或者称递减年金（每三年）的方式，投保人可以自己选择再积累的过程。也许在前十年的现金流支出之后，还会有一些结余，可以做进一步的积累。更为灵活的是投保人每五年做一次关于现金流支付的再选择，设为几个固定的选项，投保人根据其累计账户的价值，去决定和调整其选择。

当然，复杂和精准的产品和服务对保险经营者的要求更高，不只是简单的产品开发，还需要对政策和目标市场进行持续跟踪研究，从战略的角度对基础建设进行规划。经营方面的重点是明确掌握产品的目标客户群，充分了解和理解其理念，并伴随目标人群年龄的增长不断迭代更新客户画像。

总之，养老保险从产品形态和利润模式都与传统人寿保险产品有显著的差异。养老保险产品从本质上更是一种服务性金融产品，退休后的生存年金在各个年龄段具有不同的使用目的，年金本身就是比身故时的一次性受益更需要保险公司与客户建立长期高频的联系。养老保险产品的利润来源除了长期资产（保费收入）负债（养老现金流支出）利率匹配带来的收益外，还有因保险产品本身独有的持续现金流带来的客户黏性的服务性中间业务收入，但后者目前基本上还是空白，养老社区是一种模式，但资本投入过高、服务涉及面过多、管理成本较高等等超出保险公司传统经营能力的服务性领域。因此，如何开发和规范养老保险的服务属性，明确因服务和管理带来的相关业务价值，这些问题还需要监管和业界共同探索和解决。

五、主要结论和进一步的研究问题

近几年是养老保险相关政策出台的密集期，但当前政策和金融机构认为的理想的养老安排与个人对未来养老需求不可预期的认识之间存在着很大的差异，即使是西方发达经济体的经验也表明养老保险第二和第三支柱的建设是一个漫长的过程，要使劳动者充分认识养老准备与未来的养老保障之间的关联关系，需要养老保险政策和金融商业服务的密切合作、共同发力。养老保险政策也是个人商业养老保险良性发展的基础，不只是体现在基本保障带来的安全感，更重要的是切实增强劳动者的养老认知和尽早准备的意识，可以促进社会形成个人主动进行财务长期规划的氛围，通过保险的外部力量促进对商业养老保险潜在的消费者进行正确的养老保险普及和教育工作，进而达到扩大目标市场规模和提高整体水平的目的。

从年龄视角来分析，可以初步认为 5 个年龄段在个人养老保险方面的认知、偏好和可能需求之间的差异性，“60后”和“70后”是需求最敏感的主力人群，也是我国目前的出生人口的高峰人群，相同年龄段的消费者在成长经历和职业等社会身份的差异是因年龄连带的特征，进而影响个人养老保险需求的敏感性和消费能力。养老金规划要区分投资收益率和现金流的差异，不同年龄的人群对定期稳定的现金流收入与不确定的投资收益率的需求存在差异，因此对年金保险、银行储蓄和公募基金的需求是不同的，金融理论也缺乏关于需求差异的基本原理和研究方法。综上，商业养老保险关键人群的特征与商业保险的需求存在一定的相互作用，从非常微观的特定群体本身的特征和具体的思考出发，可以准确和有针对性的分析我国当前的商业养老保险需求的社会背景和基本逻辑，进而支持制度建设和产品服务。

我们可以发现养老保险在缴费期和领取期均具有稳定的现金流和长期性的两个基本属性，从这个角度看，储蓄的现金流频率至少是三年（定期），公募基金本身没有明确的现金流，这两类金融产品的现金流价值没有意义，只有年金保险独有长期稳定的定期（高频，月频）现金流特性。我们给出了一种度量这种长期稳定现金流价值的方法，体现为领取与缴费的某种比例，即使是3%的利率水平也可以达到1.6倍左右，该比例与利率（投资收益）不在一个量级。如果简单的用投资收益率进行说明，可以将该比例理解为投入产出比，从现有的长期性金融产品看，以3%贴现率计算养老保险可以得到长期平衡稳定的1.6倍的投入产出比，这将是相当有价值的长期投资。

目前市场上的领取期的养老保险产品最突出的是所有产品以保费返还

或身故保险金的方式提供了在领取期间身故的保险责任，这部分责任与养老保险受益人的养老目的不符，加入身故责任，养老的作用反而下降了。另外，这些产品都是非常单一和同质的，加剧了销售的恶性竞争，而且是没有实质差异的竞争，非常有必要深入开发契合养老服务方式且更加丰富的结合公司实际的养老保险产品。

养老保险从产品形态和利润模式都会与传统人寿保险产品有显著的差异。养老保险产品从本质上更是一种服务性金融产品，养老保险产品的利润来源除了长期资产（保费收入）负债（养老现金流支出）利率匹配带来的收益外，还有因保险产品本身独有的持续现金流带来的客户黏性的服务性中间业务收入，如何开发和规范养老保险的服务属性，明确因服务和管理带来的相关业务价值，这些问题还需要监管和业界共同探索和解决。

关于下一步的研究方向，我们有以下几点认识供读者参考：

1. 年金现金流价值的分析方法论。为了避免客户对养老保险产品直接进行简单的收益率比较，需要进一步深入研究对含稳定多期现金流的金融产品的价值评估方法，持续现金流的期限价值与传统的利率风险久期分析有所不同，前者不需要与利率相关。

2. 纯粹的养老保险产品的市场可行性分析。分析客户对受益水平的提升与身故的价值平衡的临界点，即保险责任不含保费返还或身故受益责任后，投保人可解受的养老金受益水平的提升比例。更进一步的，还可以深入探讨在领取期采用各种灵活的现金流方式的可行性，以及产品价值的分析。

3. 养老保险需求分析的方法论。沿用传统的消费投资定价理论的框架，可以尝试建立当前消费的确定性与未来长期收益的不确定性之间的最优选择问题，特别是对未来不确定性（风险）进行适当的放大扭曲处理后的最优决策问题。该研究将有助于理解消费者对养老准备的态度，理解不同年龄、收入水平、职业的消费者可接受的当前积累与未来受益的比例关系。

4. 养老三支柱的相互作用关系。我国养老保险的第一、二支柱的建设在不断健全和完善，制度的影响会慢慢显现，国民进行财务长期规划和养老的意识都会有所提高，这对于第三支柱应该是正面的影响，但需要深入研究。

参考资料

国家社会保险公共服务平台：

http://si.12333.gov.cn/index.jhtml?ret_url=http%3A%2F%2Fsi.12333.gov.cn%3A80%2F。

个人养老金银行保险行业信息平台：

http://www.cbit.com.cn/zgbxgw/gsyw/381744/381746/index.html。

个人养老保险平台的产品（截至 2023 年 7 月 31 日）

序号	产品名称
1	中国人寿保险股份有限公司《国寿鑫享宝专属商业养老保险》
2	中国人民人寿保险股份有限公司《人保寿险福寿年年专属商业养老保险》
3	太平人寿保险有限公司《太平岁岁金生专属商业养老保险》
4	太平养老保险股份有限公司《太平盛世福享金生专属商业养老保险》

（续表）

序号	产品名称
5	泰康人寿保险有限责任公司《泰康臻享百岁专属商业养老保险》
6	泰康人寿保险有限责任公司《泰康臻享百岁 B 款专属商业养老保险》
7	国民养老保险股份有限公司《国民共同富裕专属商业养老保险》
8	新华人寿保险股份有限公司《新华人寿保险股份有限公司卓越优选专属商业养老保险》
9	太平人寿保险有限公司《太平鑫多多两全保险（互联网专属）》
10	阳光人寿保险股份有限公司《阳光人寿阳光寿养老年金保险》
11	工银安盛人寿保险有限公司《工银安盛人寿盛享颐年养老年金保险》
12	工银安盛人寿保险有限公司《工银安盛人寿金账户年金保险（万能型）》
13	中国人寿保险股份有限公司《国寿鑫民宝两全保险》
14	泰康养老保险股份有限公司《泰康尊享一生年金保险 E 款（万能型）》
15	泰康养老保险股份有限公司《泰康幸福赢家年金保险（分红型）》
16	国民养老保险股份有限公司《国民美好生活养老年金保险》
17	国民养老保险股份有限公司《国民美好生活 B 款养老年金保险》
18	国民养老保险股份有限公司《国民福寿双全两全保险》
19	交银人寿保险有限公司《交银人寿个人养老年金保险（万能型）》
20	中国太平洋人寿保险股份有限公司《太保易生福专属商业养老保险》
21	农银人寿保险股份有限公司《农银人寿金穗兴民养老年金保险（万能型）》
22	农银人寿保险股份有限公司《农银人寿金穗利民两全保险》
23	建信人寿保险股份有限公司《建信悦享延年养老年金保险（万能型）》
24	建信人寿保险股份有限公司《建信尊享延年养老年金保险》
25	新华养老保险股份有限公司《新华养老盈佳人生专属商业养老保险》
26	太平养老保险股份有限公司《太平共享盛世年金保险 H 款》
27	友邦人寿保险有限公司《友邦悦享年年年金保险》
28	友邦人寿保险有限公司《友邦悦享未来两全保险》
29	泰康养老保险股份有限公司《泰康福享百岁专属商业养老保险》
30	泰康人寿保险有限责任公司《泰康福寿百岁养老年金保险》

（续表）

序号	产品名称
31	中国太平洋人寿保险股份有限公司《太保鑫享颐两全保险》
32	太平人寿保险有限公司《太平睿选稳赢两全保险》
33	中国人民人寿保险股份有限公司《人保寿险金裕颐养两全保险（万能型）》
34	中国人民人寿保险股份有限公司《人保寿险鑫享嘉养老年金保险》
35	泰康人寿保险有限责任公司《泰康福寿百岁 2023 养老年金保险》
36	友邦人寿保险有限公司《友邦优享年年年金保险》
37	工银安盛人寿保险有限公司《工银安盛人寿盛世颐年养老年金保险》
38	招商信诺人寿保险有限公司《招商信诺养老年金保险 C 款（分红型）》
39	泰康养老保险股份有限公司《泰康尊享一生养老年金保险 H 款（万能型）》
40	中国人寿保险股份有限公司《国寿鑫颐宝两全保险》
41	太平人寿保险有限公司《太平岁穗丰两全保险》
42	中信保诚人寿保险有限公司《中信保诚「保稳盈」养老年金保险（万能型）》
43	友邦人寿保险有限公司《友邦优享未来两全保险》
44	工银安盛人寿保险有限公司《工银安盛人寿金账户养老年金保险（2023 版）（万能型）》
45	中宏人寿保险有限公司《中宏养老无忧养老年金保险》
46	国民养老保险股份有限公司《国民美好生活 A01 款养老年金保险》

专题报告三
2022年人身保险产品及服务特色总结分析

一、数据来源声明

本专题报告基于爱选人身保险产品数据库[①]、爱选人身保险产品开放系统[②]、爱选行业产品月报[③]、每周新产品调研[④]等日常工作，数据及资料源于各公司官网、官方微信公众号、官方（含合作中介）宣传海报及投保页面等公开信息的整理与统计。

---

① 爱选人身保险产品数据库，是爱选科技自成立以来便搭建并持续维护更新的数据库系统，现包含9000余款人身保险产品，包含基本信息、责任、服务、病种、费率等多维度，系统还搭载了数据统计、万能险利率查询、监管法规查询、行业报告查询等多种功能。

② 爱选人身保险产品开放系统，基于爱选人身保险产品库开发的面向B端的产品，开放部分爱选人身保险产品库功能，助力市场产品调研工作。

③ 爱选行业产品月报，是爱选科技撰写的包含当月监管政策、市场趋势简讯、市场新产品整体动态、特色产品梳理的月度报告。

④ 每周新产品调研，是爱选科技持续性产品研究之一，定期追踪当周上市的新产品或新服务，展开调研与详细梳理，并据此推出了“产品资讯周报”服务，助力B端高效及时获悉市场关键信息、把握市场动向。

二、2022 年人身保险产品及服务统计

2022 年，共有 1720 款人身保险产品及服务开发上市，其中人身保险产品 1542 款、服务 178 个[①]。仅从保险产品来看，人寿保险 311 款，年金保险 191 款，健康保险 744 款，意外伤害保险 296 款。

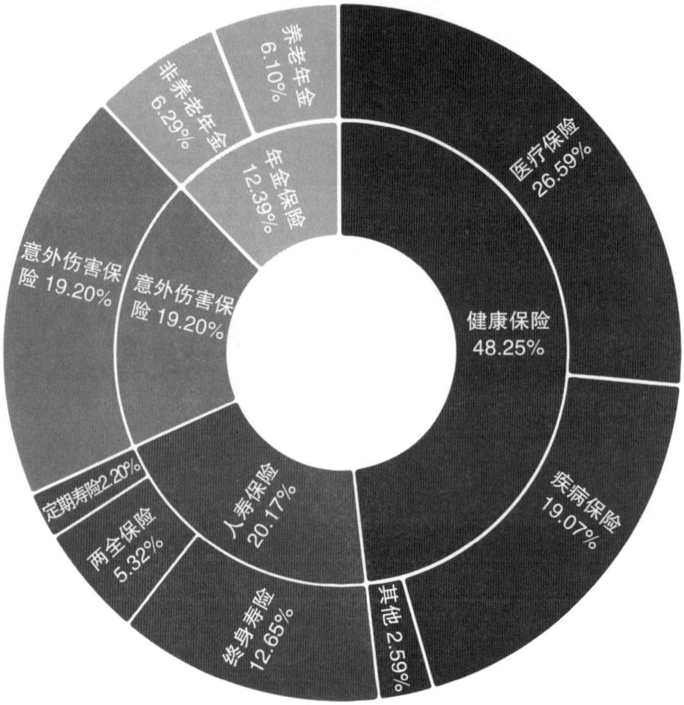

图 1　2022 年人身保险产品开发上市情况

从 2022 年的整体情况来看，健康保险占到了人身保险开发上市产品的半数水平，且医疗保险产品数量占比超过疾病保险；人寿保险数量占第

① 受对于产品计划、附加险等计数标准不同的影响，存在与官方数据、其他报告披露数据所不同的可能性。

二位，以储蓄型的终身寿险和两全保险为主；年金保险与意外伤害保险各占 12% 和 19%，年金保险中养老年金与非养老年金在产品开发上市数量上无明显差异。

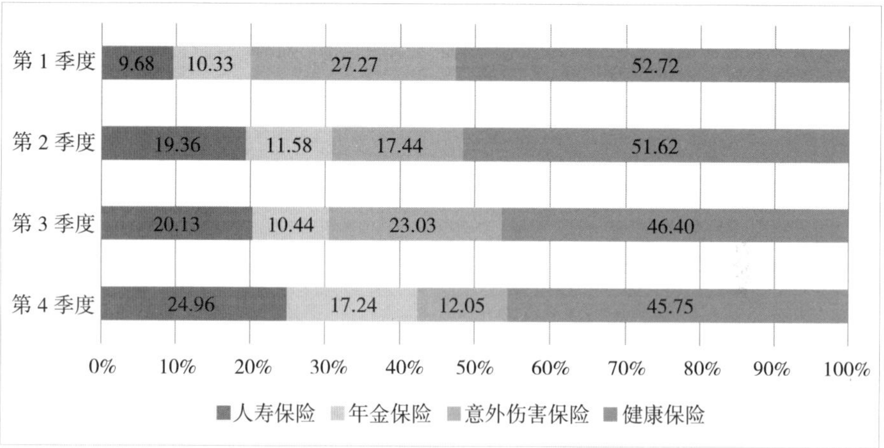

图 2　2022 年人身保险产品开发上市情况（季度）

从 2022 年的分季度情况来看，人寿保险产品于第 1 季度开发上市占比较小，原因在于其“开门红”产品多于上一年第 4 季度报备上市，因而第 1 季度在人寿保险产品方面更侧重于营销，随后人寿保险产品开发上市呈现攀升态势，直至第 4 季度占比达 21.85% 为次年“开门红”做准备；健康保险则相反，其在上半年产品开发上市较多，达到人身保险产品半数以上，下半年则稍有下降；年金保险在前三季度产品开发上市保持较为平稳的态势，第四季度同样受“开门红”影响有明显上升。2022 年的分月度情况具体见图 3。

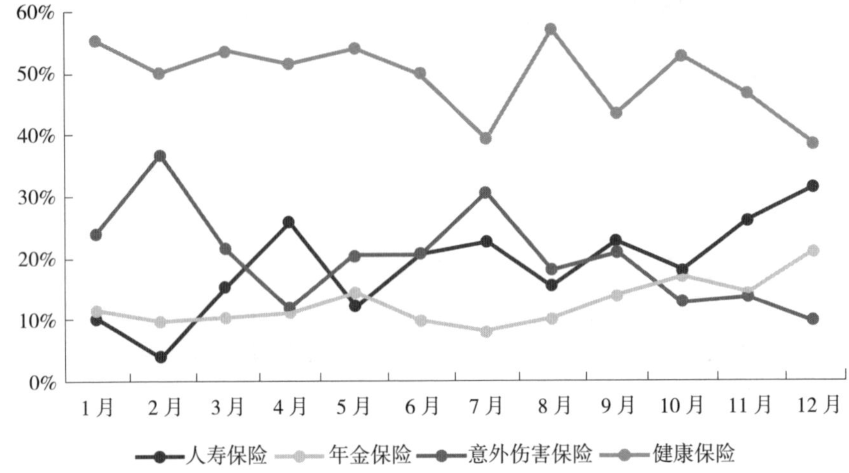

图 3　2022 年人身保险产品开发上市情况（月度）①

三、2022 年人身保险产品及服务月度动态分析

整体来看，受经济社会发展、人口结构变化、监管政策导向、市场需求调整等多重因素影响，2022 年的人身保险产品和服务呈现出战略重点由资金型产品向保障型产品转移，格外关注老年市场特殊需求，鼓励和规范商业健康险（尤其是保障老龄健康的产品）多样化发展，搭建和丰富个人养老金制度体系，产品创新方向受限和空间压缩的特点。

1 月，银保监会下发《商业健康保险发展问题和建议报告》，明确对“慢性病”“罕见病”的用药保障，并提出为“带病体”“老年人”提供更

① 月度统计时间周期为上月 26 日至本月 25 日，根据每月具体情况有前后 1—2 天出入，故月度统计可能会受到统计周期的部分影响而与实际情况存在些许差异。

多保障选择，给2022年健康险发展指明方向。受前述报告及各司发展战略逐步向保障型产品倾斜的影响，相比于上一年度，各司开始为突破保障型险种发展瓶颈寻找道路，初步体现为产品中融入罕见病、特药责任，搭配护理、养老服务等。此外，包含“隔离险”在内的“疫情险”产品仍是这一时期各司的宣传热点之一。

2月，国务院印发《“十四五”国家老龄事业发展和养老服务体系规划》，在“（十九）有序发展老年人普惠金融服务”中重点突出保险，明确指出“促进和规范发展第三支柱养老保险”“支持商业保险机构开发商业养老保险和适合老年人的健康保险”“引导全社会树立全生命周期的保险理念”“引导商业保险机构加快研究开发适合居家护理、社区护理、机构护理等多样化护理需求的产品”“研究建立寿险赔付责任与护理支付责任转换机制”。这一“国”字头文件为2022年的养老、老年健康产品发展指明了大方向，促进了商业养老保险在专属及个人养老金方面的发展，百万医疗险向老年段、非标体的扩展，服务融入责任的重疾型护理险的创新等2022年新业态产生。此外，银保监会还印发了《关于扩大专属商业养老保险试点范围的通知》，将该业务试点区域扩大到全国，并扩容了养老保险公司，为后续的“个人养老金”政策铺路。

3月，消费者权益保护再次成为热点话题。银保监会在人身保险负面清单中点名“新冠隔离责任”，大批网红“隔离险”下架；央视曝光部分平台“1元保”乱象，银保监会立案调查；还有“强制搭售”“销售误导”“理赔纠纷”等多种问题也在持续影响行业形象。此外，随着2021年末CAR-T无缘医保目录，其再次成为行业与客户供需双端关注的焦点，

2022年第一季度以CAR-T（嵌合抗原受体T细胞免疫疗法）为核心责任的特药险产品成为部分公司产品开发与宣传的重点方向之一，还有的公司推出了CAR-T（嵌合抗原受体T细胞免疫疗法）权益卡、生命银行（冻存免疫细胞）服务，借此来吸引客户投保储蓄类产品。

4月，国务院办公厅印发《关于推动个人养老金发展的意见》，由此开启了养老保险补充制度的新纪元，成为了2022年保险业不可绕过的重点话题之一。同月，银保监会人身保险部下发《关于进一步丰富人身保险产品供给情况的通报》，对于普惠保险、养老保险、护理保险发展予以支持，并鼓励积极探索新市民、既往症或慢性病的老年人、少儿、特定人群等群体的风险保障，进一步从产品端明确了监管未来一段时间内的政策倾斜重点。此外，互动式产品成为4月人身保险市场关注重点，多家保司上线互动式重疾保险、互动式医疗保险，通过对客户健康信息的评估来实现保单权益的提升，但产品形态及互动模式受限于技术水平、客户认知等多重因素仍处于较为初级的阶段。

5月，各司在寿险产品的开发上市占比大幅下降，更多关注于意健险市场，体现出第二季度向保障转型的产品战略，主力创新点集中于医疗险产品，特点在于扩责任、扩人群、长期化。近年来，百万医疗险在扩责任、扩人群方面不断发展，具体表现为特药、罕见病、质子重离子等不断纳入责任范围，投保年龄向高龄段延伸。在此背景下的进一步创新则体现为医院范围向特需部扩展、纳入非标体人群保障，一方面是产品层面的向上开拓，另一方面是保障人群的向下兼容，以丰富产品空间。此外，随着监管在长期医疗险发展方面给予的政策指导和鼓励，以及各司在长期医疗险方面的初步探索和经验积累，越来越多的长期医疗险产品在市场上涌现。

6 月，经历儿童节、父亲节等关键销售时点，因而可以观察到各司有针对性地上线或重点推销老年及少儿的意外险、医疗险产品。例如，仅包含身故、残疾及骨折脱臼等责任简单的老年意外险产品，以及部分产品会搭配体检等服务，主打“为父母买保险送体检”的营销话术；除一般住院、重疾住院医疗责任外，部分当期上市的少儿医疗险产品还圈定了一些少儿高发特定重疾提升医疗保额，以及扩展了门急诊责任、异地就医津贴责任，部分产品还扩展了包括和睦家在内的私立医院、昂贵医院，以更加贴合少儿医疗需求。此外，不少保司于上半年更加关注护理相关产品的开发，上市了一些重疾型护理津贴险，6 月则出现了较为明显的转向结合服务的态势，此类服务型护理险依旧是以重疾定义为前置判断条件，但给予客户津贴和服务的双重选择，将后端服务与保险给付以责任形式真实连接起来，开启了商业护理险新纪元。

7 月，银保监会就《保险销售行为管理办法（征求意见稿）》公开征求意见，文件对保险销售行为的各基础环节予以规范，涉及所有险种和销售主体，覆盖保险销售全流程，成为了 2022 年重要监管文件之一。7 月，健康险产品报备上市呈现较大的下降趋势，主要以重疾险为主，医疗险从上市数量上仍呈现平稳态势，内部结构调整则更多体现在新一年的惠民保陆续上市，一、二线城市的市场已被瓜分无几，以迭代更新为主，部分公司退出了新一年的业务，更多的市场抢占集中于中小城市。再者，各司还基于惠民保迭代基础上做二次开发，典型方向包含单次给付重疾及家庭版非标百万医疗。此外，本月上新的网络销售渠道产品，无论寿险还是健康险，几乎均搭配了与重疾或住院相关联的护理服务，以此作为产品营销宣传的亮点之一。

8月，银保监会下发《关于部分财险公司短期健康保险业务中存在问题及相关风险的通报》，对“药转保”异化保险业务予以喊停，引发了一波对短期健康险业务的自查整改，此类业务在一定程度上体现了部分公司冲规模的迫切心态，反映了保障型产品持续承压的市场现状。根据爱选市场观察，尽管2022年第二季度以来，各司注重保障型产品开发，但受到有效准客户减少、增额终寿渠道占比过高、经济不确定加大、客户如实告知率不断提升等多方面因素影响，保障型产品呈现出明显的规模下降和单产品规模大幅下降趋势，保障型产品多样化、单产品低保费态势已经形成。此外，互动式保单渐成趋势，不仅限于重疾、医疗等健康险产品，它也开始向终寿、定寿、年金等方向拓展，并成为2022年下半年的行业持续热点之一。

9月，国务院常务会议确定对个人养老金缴费者按每年12000元的限额予以税前扣除，投资收益暂不征税，领取收入实际税负由7.5%降为3%，随后，银保监会下发《关于促进保险公司参与个人养老金制度有关事项的通知（征求意见稿）》，明确了个人养老金的产品范围，为保险公司参与个人养老金制度铺路。受上月的自查整改文件影响，健康险产品开发上市在9月迎来跳水，主要体现在医疗保险产品的减少，重疾险则向次标体易核方向发展。此外，又有一批服务型护理险上市，部分保司在完善健康管理平台或客户服务体系中也纳入居家护理、院后康复等服务，以及一款定期寿险在升级时补入失能保障，其责任与此前市场频出的重疾型护理险较为相似，一系列市场态势再次体现了商保在护理方面的努力。

10 月，受此前个人养老金政策影响，各司在养老年金方面开发占比上升，同比增幅超过 1 倍；各司也逐步启动“开门红”，寿险“老七家”陆续上市新款增额终寿或两全产品；各地惠民保产品升级在本月也呈现小高峰，升级特点在于扩展新市民、降低免赔额、提升给付比例、优化或拓展特药种类及数量等，市场竞争加剧。再有，银保监会下发《关于开展人寿保险与长期护理保险责任转换业务试点的通知（征求意见稿）》，标志着寿险给付条件不再局限于寿命本身，而是向健康寿命领域扩展，有利于满足老龄化社会背景下人民群众对于护理保障的需求，或可刺激商保长护市场发展。此外，《海南省加快推进数字疗法产业发展的若干措施》于 10 月印发，文件鼓励保险公司依法合规将数字疗法作为用户健康管理服务工具，并根据数字疗法收集的真实世界数据按有关规定合理定价，鼓励将数字疗法产品纳入保险机构的保险产品设计体系。

11 月，仍是关于“个人养老金”的热点期。政策方面，国务院有关部门、证监会、银保监会相继出台对于个人养老金制度的具体实施办法及细则。根据银保监会下发的《关于保险公司开展个人养老金业务有关事项的通知》，符合准入标准的保险公司约 30 余家；11 月 23 日，中国银行保险信息技术管理有限公司公布首批个人养老金保险产品名单，覆盖 6 家公司的 7 款产品。“税优健康险”则是当月的另一政策热点，11 月 11 日，银保监会下发《关于扩大商业健康保险个人所得税优惠政策适用产品范围有关事项的通知（征求意见稿）》，在产品范围和保障范围方面均有所扩展，并放开了部分控制权，有助于进一步推动市场规范、健康、自主发展。此外，11 月“开门红”迹象更为明显，以增额终寿为代表的寿险产品开发占比显著上升，但与此同时银保监人身保险部下发《关于近期人身保险产品问题的通报》，开始注重对于增额终寿的专项风险排查。

12月，全国各地渐迎新冠感染高峰，使得疫情险“感染理赔难”再次成为继“隔离理赔难”后引发社会广泛关注的又一热点话题，暴露了该险种的各类问题。各地银保监局也开始加强对于该险种的指导与监管，重庆银保监局鼓励开发复工、复产、复市疫情防护综合保险等，北京银保监局要求开发价格普惠、适宜人群广泛的新冠病毒传染病相关产品，保障新冠病毒导致的重症、危重症和死亡风险。在此背景下，12月又有1款疫情险上市，与此前承保隔离、确诊、身故不同，该疫情险主要保障包含新冠在内的各类传染病和急性病的医疗责任。再有，各家百万医疗新一年的迭代升级也于12月陆续展开，然而随着近两年的快速走红，已然鲜有再次引爆市场的创新方向，新一轮的迭代升级中百万医疗险已呈现出向家庭综合型保障发展的趋势，一是更多产品纳入家庭折扣及共享责任（保额、免赔额等），二是将家财责任等保障打包进百万医疗产品中。此外，12月“开门红”依旧持续，但已掀起增额终寿停售下架潮。

四、2022年特色人身保险产品及服务

（一）疫情险

2022年最受消费者关注和引起广泛讨论及争议的保险产品莫过于疫情险，并于年内经历了多次理赔高峰及产品从1.0时代迈入3.0时代的快速转变。

本报告所定义的“疫情险”是指专门保障因含新冠[①]在内的传染病所致身故、伤残、确诊、隔离或疫苗接种等责任的保险产品，不包括扩展新冠赔付责任的重疾险、意外险、寿险等产品。疫情险并非新冠时期的创新产品，本质上是各保司曾经开发和销售的“传染病保险”，在新冠被纳入法定的“乙类传染病”后，其也属于该类产品的保障范围。

2020年，首款保障范围包含新冠的疫情险面世，以隔离为主要责任，开启疫情险的1.0时代；2021年，受产品形态简单、当期实际及“预期”赔付率较可控、广受消费者欢迎等因素影响，部分保司争相上线以隔离为主要责任、附加新冠确诊、身故（含伤残）、疫苗接种等多样化责任的疫情险，个别产品甚至成为爆款，各界对于疫情险的关注急速上升。

2022年初，随着监管的提示[②]，各家疫情险逐步下架，但也掀起了一轮隔离险炒停售浪潮，不久即迎来全国各地新冠感染者的激增，引发了大面积的隔离理赔，然而部分产品对于隔离责任附加了各类条件，或是责任表述不清造成理赔自由裁量灵活度过高，致使“隔离理赔难”成为“3·15”乃至之后一段时间内的社会热点话题；尽管1.0时代的疫情险已然谢幕并给市场留下相当大隐患，随着各地新冠感染局势稍缓，部分保司对于疫情险进行了调整，剔除了原有的隔离责任，步入疫情险的2.0时代。

2022年末，全国各地再迎感染高峰，极大增加了包含确诊责任的（尤

---

① 2019新型冠状病毒感染导致的肺炎（Corona Virus Disease 2019，COVID-19），即新型冠状病毒肺炎（曾用名）、“新型冠状病毒感染”（2022年12月26日更名，现用名）等，本文统一简称“新冠”。

② 银保监会下发的《人身保险产品“负面清单”（2022版）》中“部分产品提供‘新冠隔离’责任，扰乱市场秩序”。

其是含新冠感染、新冠轻症保障责任的）2.0 时代的疫情险产品赔付压力，继“隔离理赔难”后，“感染理赔难”再成热点话题，又一次暴露了该险种的各类问题；与此同时，各地银保监局再次加强对于该类险种的指导与监管，鼓励开发适应新形势下纳入新冠相关责任的产品，以承保新冠住院医疗、新冠药品费用保障为主要责任的产品上市，疫情险进入 3.0 时代。

表 1　疫情险产品分阶段总结

疫情险		1.0 时代	2.0 时代	3.0 时代
时期		2020 年初—2022 年 Q1	2022 年 Q2—2022 年末	2022 年末—今
保司参与情况		多数保司	部分保司	较少保司
产品基本形态	投保年龄	多数：0—65 周岁 少数：0—70/80 周岁，或无限制	0—50/60 周岁	0—60/70/80 周岁
	职业类别	多数：1—3 类 少数：1—4 类	1—3 类	无限制
	保险期间	多数：1 年 少数：30/60/90 天	1 年	1 年 部分产品保证续保
	等待期	多数：2/5/7 天 少数：无等待期	15/30 天	7/15 天/无等待期
主要保险责任		新冠身故（伤残） 新冠确诊 新冠隔离 疫苗身故（伤残）	新冠身故（伤残） 新冠确诊 疫苗身故（伤残） 疫苗偶合症 疫苗失效	一、给付型： 新冠确诊 新冠身故 疫苗身故（伤残） 二、医疗型： 新冠住院医疗 新冠住院津贴 新冠交通津贴 三、药品型： 新冠药品 线上问诊普通药品 疫苗身故（伤残）

（续表）

疫情险	1.0 时代	2.0 时代	3.0 时代
新冠范围	确诊：新冠肺炎（轻型、普通型、重型、危重型） 隔离：集中隔离 / 居家隔离（不含居家医学观察）	确诊：新冠肺炎（大部分产品调整为普通型、重型、危重型；部分产品仍承保轻型；个别产品扩展至感染，即核酸阳性且 CT 值符合一定要求）	确诊：新冠感染（重型、危重型，部分产品限时拓展至普通型） 药品：新冠感染病历 / 处方 / 抗原阳性 / 核酸阳性
传染病范围	部分扩展至甲类乙类传染病，大部分仅为新冠	大部分扩展至甲类乙类传染病	

本报告研究团队对近百款疫情险产品进行了搜集和梳理，对其不同时期的产品形态特点总结如上表。可以看出，随着时间推移，越来越少的保司参与其中，疫情险在投保年龄、等待期、新冠范围等方面的限制也愈发严格（3.0 时代的疫情险产品受责任调整的影响，在投保年龄和等待期方面略有放宽），并且能看出产品更多关注重症、危重症乃至身故等严重状态的保障，责任方面愈发多样化，向着住院医疗、在线药品问诊等方向发展。

疫情险诞生之初是行业在特殊时期的创新尝试，在一定阶段内为社会提供了较好的风险保障，但随着更多保司入局，为了快速抢占市场，产品形态和费率越发激进，加之经验数据缺乏、定价假设不足、风险标的的不确定性难以充分预期等因素影响，疫情险逐步走向异端。再者，1.0 时代的隔离责任在设计时便附加了各种消费者容易忽视或难以理解的条件，本身就易引发理赔争端，随着风险发展越来越远离产品假设，为尽可能控制赔付率，各家保司陷入到亏损与客诉的两难泥沼。随着监管的引导，疫情险产品逐渐回归理性，更加符合损失程度较高、损失发生概率较小等可保利益的保险基本原则，贴合新形势下的市场需求。其实，疫情险的曲折发展只是行业在创新产品端的一个缩影，是行业在面对多数新兴风险时不可回避的可能状态之一。在经验数据缺乏的背景下，行业更应抱以审慎的态度，保证产品的可持续发展。

（二）体检升级老年医疗险

“老龄健康”是长寿时代无法绕开的话题，随着监管政策鼓励引导、实际客户需求增长、产品战略向价值转型等因素影响，近年来的健康险产品逐步向老龄段扩展，此类尝试覆盖疾病险、医疗险、护理险等多种产品类型。

在医疗险端，近年来的主要尝试分为四种。一是，将原有的最高投保年龄限 50 周岁或 60 周岁的常规百万医疗险产品扩展至 70 周岁乃至 80 周岁，部分产品会设定一个年龄限制（如 55 周岁、60 周岁），超限制的被保险人需体检以进行核保评估，对于不符合百万医疗险健康要求的被保险人予以拒保，之后或会有业务员跟进二推防癌医疗险产品，但这就极大增加了消费决策流程和客户脱落率，部分产品由于不设体检要求，最终导致产品赔付率过高。受上述多种原因影响，此类模式在 2020 年至 2021 年较为火爆但进入 2022 年后逐渐退出市场；二是，直接延长防癌医疗险的保障期限，提供保险期间为终身的或者可终身保证续保的产品，以此来覆盖高龄段人群的医疗保障，而该类产品并不能满足高龄但较为健康人群对于一般住院医疗的保障需求；三是，与传统商业医疗险存在竞合关系的惠民保产品，其具有一定的社商合作属性，通过不限年龄、不限职业、不限既往症等要求的放宽，将更多人群放入到风险池中，其中便包含了对老年群体的保障。然而一方面，其往往设置较高免赔额或较低给付比例，更多定位于已患病或身体不健康人群，难以充分满足医疗保障需求，另一方面，惠民保产品的可持续发展及风险合理归置与二次开发问题还有待探讨；四是，综合百万医疗险与防癌医疗险的较新产品形态，即“体检升级老年医疗险”，该类产品优化了模式一下较为复杂的决策流程，同时弥补了模式二下部分健康用户丧失一般住院医疗保障机会的不足，其自 2019 年诞生，于 2022 年有数十家保司入局，是新兴的较为完善的老龄健康解决方案之一，并在 2022 年的老年医疗险市场中达到 90% 以上的规模占比。

体检升级老年医疗险一般采取“两段式”模式，第一段为所有通过健康告知的客户均可享有的基础责任，第二段为部分符合评估要求的客户可享有的升级责任，两段之间通过体检评估作为衔接，购买此类产品的客户须于等待期内进行体检或上传符合要求的体检报告，若通过评估则可免费升级增加保障，其具体流程详见图 4。

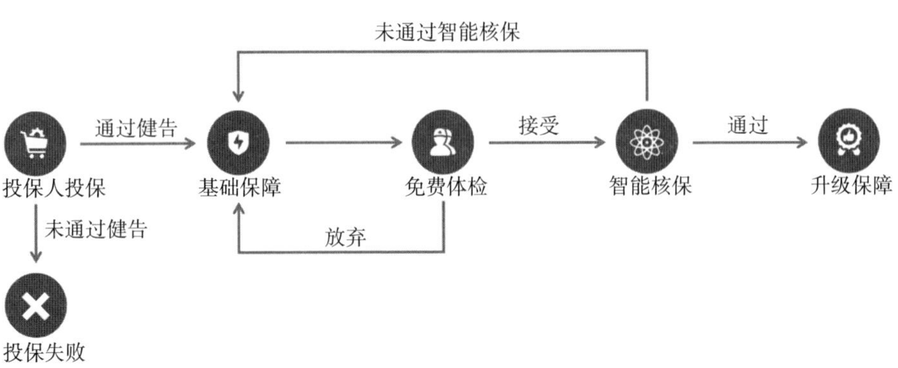

图 4　体检升级老年医疗险产品流程

而从产品形态来看，体检升级老年医疗险综合了防癌医疗险和百万医疗险的设计，具有三大特点。一是，相比于百万医疗险，其进一步扩宽投保年龄，首次投保年龄设置为最高至 80 周岁，给予一部分高龄段人群以一般住院医疗的保障机会；二是，继承了一部分防癌医疗险的特点，使得部分三高、糖尿病人群等均可获得保险保障；三是，以“买保险，送体检”的方式增进客户体验，并将体检结果用于核保评估，体现了一定客户与产品间的“互动”。具体见表 2 和图 5。

表 2　体检升级老年医疗险产品常见形态

<table>
<tr><td colspan="2">投保年龄</td><td>40—80 周岁</td></tr>
<tr><td colspan="2">保险期间</td><td>1 年</td></tr>
<tr><td rowspan="2">续保信息</td><td>多数产品</td><td>非保证续保，最高可续保至 100 周岁</td></tr>
<tr><td>少数产品</td><td>保证续保 3/5 年</td></tr>
<tr><td colspan="2">交费期间</td><td>年交（趸交）/ 月交</td></tr>
<tr><td colspan="2">犹豫期</td><td>15 天</td></tr>
<tr><td colspan="2">等待期</td><td>90 天</td></tr>
<tr><td colspan="2">职业类别</td><td>除高危职业</td></tr>
<tr><td colspan="2">医院范围</td><td>二级及以上公立医院普通部</td></tr>
<tr><td colspan="2">保额</td><td>100 万元 /200 万元 /300 万元</td></tr>
<tr><td rowspan="3">免赔额</td><td>情况 1</td><td>基础保障 0 免赔；升级保障 1 万元免赔</td></tr>
<tr><td>情况 2</td><td>基础保障与升级保障共用 1 万元免赔</td></tr>
<tr><td>情况 3</td><td>基础保障与升级保障共用 2 万元免赔</td></tr>
<tr><td rowspan="2">给付比例</td><td>情况 1</td><td>有社保用社保 / 无社保：100%
有社保未用社保：60%</td></tr>
<tr><td>情况 2</td><td>有社保用社保：100%
有社保未用社保 / 无社保：60%</td></tr>
</table>

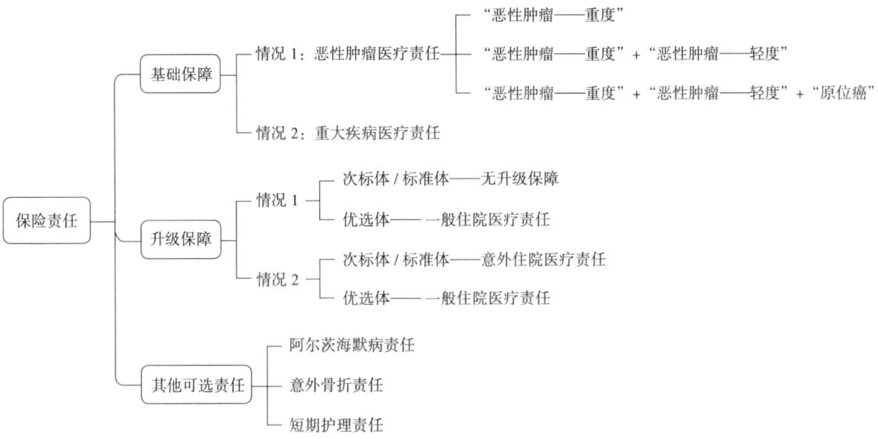

图5 体检升级老年医疗险保险责任

（三）互动式保单

目前，各界对于"互动式保单"尚无统一定义，但基于国内外各学术研究及市场实践，我们可以总结出互动式保单的基本特征，其具有"将保险与健康管理深度结合""使产品与用户间形成长期有效互动""依托于对健康数据的分析和处理""变被动的保险理赔为主动的健康干预"等特点。

互动式保单在中国仍处于发展的较早期阶段，其仍存在交互性差、结合度低、不可持续等诸多问题。然而，随着近年来的政策引导、疫情后时代民众对于健康需求的提升，各保司也开始更多关注健康管理，推出初步的互动式保单产品，构建保险行业的健康生态圈。这一趋势在2022年展现得更为明显，各司对于健康管理与保险产品深度结合、激励用户健康行为的声浪走高，有多款互动式保单产品上市，成为了人身保险领域在

2022 年的创新方向之一。

2022 年上市的互动式保单按互动基础可大致分为三类，详见表 3，其最终会体现为该名用户的保单在保额、保费、免赔额等因素的变动，最终形成产品与用户间的互动。

表 3　互动式保单分类（按互动基础分类）

分类	互动基础
运动类	依托可穿戴设备对运动步数、卡路里等运动数据监测
健康评估类	依托体检、可穿戴设备、健康行为问卷等健康数据进行健康年龄评测
健管平台类	搭建健康管理平台，融入健康积分体系，鼓励客户达成相关健康目标

运动类为 2022 年中国市场最为常见的互动式保单形态，一般常见于终身寿险、重疾险等产品中。其要求用户通过指定平台或可穿戴设备，记录上传其运动数据，运动数据一般以运动步数、活动卡路里的方式呈现，当运动数据达到一定标准时可实现保额的增长，具体见表 4。此种模式的优点在于方便理解和操作，有利于在发展的较早期阶段推广互动式产品，但也存在一定弊端，诸如对“越运动越健康”的理论依据存疑、互动停留于较浅层面、存在作弊的道德风险等。

表 4　某运动类互动式保单的示例（重疾险）

运动标准	自本合同生效日起 5 个保单年度内，若被保险人在一个完整保单年度内的运动记录达到日运动标准的累计日数不少于 240 日，则该保单年度记为达到运动标准。 日运动标准指一日的运动记录满足以下两项标准中任一项： 一、日步数达到 10000 步； 二、日步数达到 7000 步且活动卡路里达到 450 千卡。

（续表）

监测方式	被保险人须在指定运动记录平台注册并实名认证绑定保单，同时授权指定运动记录平台获取微信运动或运动手环/运动手表数据。每日运动完毕后，被保险人应打开指定运动记录平台同步当日运动记录，用于核算当日运动是否达到运动标准。步数和活动卡路里以指定运动记录平台上的数据为准。
责任描述	重大疾病额外保险金： 若被保险人在本合同生效日起5个保单年度内，参加指定运动记录平台活动并达到本合同约定的运动标准，于等待期后且年满88周岁前（含88周岁生日），经认可的医院确诊初次患有本合同约定的重大疾病，则在给付重大疾病基础保险金的同时，按重大疾病基础保险金与确诊时的运动达标给付比例的乘积给付重大疾病额外保险金。
互动结果	一、本合同生效后的第1个保单年度，运动达标给付比例为0%； 二、本合同生效后的第2个至第6个保单年度，若上个保单年度达到运动标准，则该保单年度运动达标给付比例在上个保单年度基础上增加5%（算术加）；若上个保单年度未达到运动标准，或因未及时同步运动记录导致上个保单年度未达到运动标准，则该保单年度运动达标给付比例在上个保单年度基础上增加0%（算术加）； 三、自第7个保单年度零时起，运动达标给付比例不再变化； 四、运动达标给付比例最高增加至25%。

健康评估类为国际市场中较为成熟的互动式保单形态，其于早些年间被引入中国，主要以团体医疗险为载体，2022年该模式逐步在中国市场变得火热，并扩展至定期寿险、终身寿险、重疾险、百万医疗险等多种产品中。该产品要求用户进行体检或提供体检数据，回答健康行为问卷（对“吸烟”问题给予否定答案的用户进行吸烟测试），部分产品还会绑定可穿戴设备，基于上述各类健康数据，对用户展开健康年龄[①]评测，根据其与

① 即用户的实际健康情况及健康行为所反映的当下及未来一段时间内该名用户对应的一般人生理年龄。

实际生理年龄的偏差情况给予差异化的费率水平（可通过保额、保费、免赔额等方面的变化实现）[①]。此种模式的优点在于更为全面的观测用户的健康数据而非停留在运动层面，能够更为真实地表现用户真实健康水平，从而使得产品的差异化定价更贴合风险真实情况，但弊端在于此类模式在国内仍处于极早期阶段，因而在产品设计时会趋于简单化（例如放弃实时评估，放弃提高费率水平的风险调整等）以符合当下的监管要求及适应市场需求。

表 5　某健康评估类互动式保单的示例（医疗险）

责任描述	本合同的“一般医疗保险金”免赔额为 1 万元。 被保险人可在保单生效且“一般医疗保险金”责任等待期后申请健康评估服务，若评估结果符合核保标准，可申请使用升级优惠政策，根据被保险人健康状态确定降低免赔额标准。
健康评估方式	“一般医疗保险金”责任等待期后至保险期间结束前的 30 天内进行体检或上传体检数据，并对被保险人的生理状况和行为习惯进行风险评估，得出健康年龄测算，根据用户的健康年龄匹配确认“标准体”“优选体”“超优体”的等级，对应不同的免赔额调整政策。
互动结果	标准体，“一般医疗保险金”责任免赔额不变； 优选体，“一般医疗保险金”责任免赔额降低至 8000 元； 超优体，“一般医疗保险金”责任免赔额降低至 5000 元。

健管平台类也是近年来新兴的互动式保单模式，可以更为广泛地支持应用到各类寿险和健康险产品中。健管平台类模式的运作依托于健康管理计划或健康积分体系的搭建，其会设置例如上传体检报告、阅读健康简

① 具体逻辑请见《爱选年龄研究报告》。

讯、每日同步运动数据、参加健康社群等诸多健康任务，用户完成相关任务获得对应的健康积分，健康积分最终可兑换提升保额、降低保费、降低免赔额等保单福利。该模式的优势一方面在于综合了运动、健康等数据，且融入社群互动，形成了“社群 + 工具 + 专家”的健康管理的深度介入，形成了基于全面数据的更为主动有效的风险控制模式；另一方面将健康激励场景化，以任务、游戏等形式改善用户参与意愿，提升了用户对于健康管理的自驱力，并且增加了与用户的交互，极大提升客户黏性。

表 6　某健管平台类互动式保单的示例（医疗险）

健康积分体系			
健康任务	达标条件	健康积分	计分规则
每日运动	每日步数≥ 5000 步	3 分	每日最多 +3 分
训练课程	每日观看训练课程并锻炼≥ 5 分钟	1 分	每日最多 +1 分
学习健康知识	每日阅读 1 篇健康资讯或完成 1 次健康问答	1 分	每日最多 +1 分
血糖血压管理	每日录入 1 次血糖或血压	1 分	每日最多 +1 分
测量 BMI	每周测量 BMI	3 分	每周最多 +3 分
健康测评	每周完成 1 次健康测评	3 分	每周最多 +3 分
测体质	每月完成 1 次体质问诊	10 分	每月最多 +10 分
年度健康调研	完成健康调研问卷	100 分	每年最多 +100 分
	健康调研结果全部为否且通过核保系统自核	300 分	每年最多 +300 分
年度体检	完成近一年内的年度体检并上传报告	300 分	每年最多 +300 分
	记录指定健康指标且符合标准	200 分	每年最多 +200 分
优选体评定	用户的年度健康调研情况、年度体检情况、历史住院情况经评定符合标准	1000 分	每年最多 +1000 分

（续表）

健康积分体系			
健康任务	达标条件	健康积分	计分规则
购买健康商品	通过指定健康商城购买单笔订单实付金额≥100元的健康商品	100分	每年最多+300分
购买保险保障	被保险人为本人成功投保指定寿险/重疾险产品	1000分	每年最多+2000分
健康激励			
健康积分		费率折扣因子	
0—999分		1	
1000—2999分		0.95	
3000—3599分		0.9	
3600—3999分		0.85	
4000分以上		0.8	

（四）非标体保险

非标体保险成为2022年中国人身保险市场关注热点，原因有三：一是，尽管我国人群预期寿命不断提升，但慢性病对于老龄健康的威胁尚未解决，加之国内的人口基数及结构的影响，我国实际拥有数量庞大的非标体人群；二是，随着人群保险意识的提升及保险知识的推广，我国保险产品的阳性告知率不断提升，2022年部分公司阳性告知率超过17%，更多的如实告知反映了非标体客户的强烈需求，即其偏向于用更高成本获取保障，而非承担欺诈所带来的损失；三是，百万医疗险及常规重疾险产品在标体人群领域已由增量竞争转入存量竞争，各司正急于寻找健康险的新兴增长点，加之阳性告知率的提升使得其无法通过仅面向标准体的常规产品承保此类客户，迫于保费增长压力，非标体保险的开发需求激增。

2022 年，中国市场对于非标体保险产品的创新主要集中于医疗险和重疾险领域，具体可分为三类：

一是将百万医疗险的承保范围扩展至可包含非标体人群，其在产品形态上与传统百万医疗险没有变化或变化较小（例如，对于符合承保条件的非标体人群设置相比于标准体人群更高的免赔额或更低的给付比例），此类产品的核心在于核保风控及精算定价，需建立一套完备的疾病框架及对应的智能问卷自动评估系统，以此来将各类存在异常情况的非标体人群纳入到评估体系中并实时给出正常承保、加费承保、除外承保、拒保的结论。此类产品为 2022 年非标体市场最为常见和流行的类型，一般可将乳腺结节、甲状腺结节、高血压、糖尿病、慢性肝病、慢性肾病人群不同程度地纳入到保障中。

二是专门面向非标体人群的重疾险产品，其在产品形态上设置得极为简单，仅包含身故、全残、重症、轻症四项责任，病种方面则仅承保“28+3”种标准重症与轻症，且大部分产品倾向于单次给付型。此类产品是非标体人群的专属产品，尽管单从保障病种数量来看与传统重疾险产品相差甚多，但 28 种重症的发生率普遍超过 95%，部分公司在该部分疾病的理赔占比超过 99%，因而此类产品不仅给予非标体人群以重疾保障机会，更较为完全和充分地覆盖了其重疾风险。并且，此类产品往往是通过简易健康告知的方式扩大其可承保人群，先将传统健康告知排除的人群纳进来后再通过二级健康告知问卷来具体区分正常承保、加费承保、除外承保、拒保的情况。

表 7　某非标体重疾险健康告知一级问卷

1	过去 6 个月内，您是否曾被医生建议住院或手术（指传统的切除，内窥镜、微创治疗、冠状动脉搭桥、支架植入及球囊扩张等在内的介入治疗），或因检查异常被医生建议进行肿瘤标志物、CT、MRI、核素扫描、钼靶、PET-CT、血管造影、病理检查或活检、穿刺、内窥镜、肺功能的检查？
2	过去 2 年内，您是否接受过住院或手术（指传统的切除，内窥镜、微创治疗，冠状动脉搭桥、支架植入及球囊扩张等在内的介入治疗）？
3	过去 5 年内，您是否因恶性肿瘤（包括原位癌、癌症、白血病及其他血液系统肿瘤）被医生建议住院或手术？或您是否在过去 5 年内被诊断患下列一种或多种疾病：恶性肿瘤、心绞痛、心肌梗死、心脏瓣膜疾病、短暂性脑缺血发作、脑中风、脑肿瘤或脑血管畸形、阿尔茨海默病、帕金森病、失明、视神经病变、耳聋、慢性阻塞性肺病、肝硬化、慢性活动性病毒性肝炎、慢性肾功能不全、克罗恩病、溃疡性结肠炎、再生障碍性贫血、瘫痪、运动神经元病？

三是专门面向带病体人群的特定健康险产品，一般包含面向癌症、帕金森病、癫痫等已患病人群的保障，具体我们将在“（十）带病体人群保险”中详述。

总体而言，非标体保险得到 2022 年人身保险市场的关注，特别是成为各家保险公司产品开发的热点，这是一个极为向好的趋势。中国人身保险市场的既往发展更加注重对于标体人群的增量竞争，这仅是体现了对于常规风险的分散职能，却疏于对风险的精细化分类和具象化处理，在这一过程中，市场趋向于规模导向而非利润导向，致使部分健康险产品寿险化，相比于保险风险，各家更多关注投资风险。然而，非标体保险则能更好帮助市场回归风险管理的本质，即经营风险，相比于简单的风险分散而言，更多是提供风险解决方案和合理规制风险的综合服务，有助于发挥精算技术在实务中的应用并促进其与大数据、人工智能等新兴技术的结合，使得风险得以被更为精准的识别、评估和应对。

（五）护理险

随着社保长护试点如火如荼发展，护理服务和商保护理险也于近年来再入各司视野。部分健康险产品开始搭配院内护理、院后护理、居家长期护理服务，服务供应商基本为商保公司在社保长护项目上所合作的对应供应商，但受健管服务费监管规定影响，服务项目较之社保有所减少。为突破这一限制，部分产品将院内护理、院后护理等作为医疗险产品中的一项责任，以费用补偿的方式来实现对护理服务项目的嫁接。

2021 年末，中国保险行业协会向各有关会员单位下发《关于就寿险与护理保险转换方案初稿征求意见的函》，其中明确以重大疾病及意外伤残为护理状态定义及触发条件，使用行业已有的成熟、权威的疾病和伤残鉴定标准。由此，2022 年涌现了一批基于重疾及意外伤残的商业护理险（简称“重疾与意外型护理险”），部分产品还在责任中融入了服务元素，形成了“含服务选择权的重疾与意外型护理险”。

重疾与意外型护理险的产品形态较为简单，具体见表 8。从责任端来看，该类型产品包含“一次性护理金领取”和“持续性护理金领取”，并分别按照重疾和意外区分了对应的保险责任，重疾方面一般会圈定 10—25 种重疾，客户符合重疾定义并达到长期护理状态即可获赔，意外方面一般会设置为 1—3 级伤残（部分产品设置为 1—2 级；极少部分产品设置为 1—4 级），符合伤残评定标准对应的等级即可获赔。此外，大部分产品还将服务以责任的形式呈现于产品中（具体见表9），在投保时给予客户护理津贴或护理服务的选择权，一方面将服务与保险金给付的流程打通，更好实现了对于护理风险的真实应对；另一方面则将保险公司的经营稳定性为背书，不可逆情况的护理需要长期的服务，而服务机构很难给到像金融机构一样几十年的稳定性，由此解决了客户疑虑。

表8　重疾与意外型护理险的常见产品形态

投保年龄		多数：18—65周岁 少数：18—70周岁/0—70周岁
保险期间		多数：至80/90周岁，终身 少数：1年或5年
等待期		根据保险期间作区分 长险90天，短险30天
观察期		多数：无 极少数：180天
所有产品必有责任	特定疾病长期护理保险金	符合特定疾病定义及长期护理状态约定，经过观察期后仍符合，每年或每月给付保险金
	意外伤残长期护理保险金	符合伤残等级及长期护理状态约定，经过观察期后仍符合，每年或每月给付保险金
部分产品包含责任	特定疾病一次性护理保险金	初次符合“特定疾病长期护理保险金”给付条件，一次性给付保险金（多为退还已交保费）
	意外伤残一次性护理保险金	初次符合“意外伤残长期护理保险金”给付条件，一次性给付保险金（多为退还已交保费）
	长期护理豁免保险费	初次符合任一长期护理保险金给付条件，豁免余期保费
	特别护理保险金	若符合圈定特定疾病（如“阿尔茨海默病”或“帕金森病”），则每期额外给付一倍“特定疾病长期护理保险金”
	疾病身故保险金	达到任一长期护理保险金给付条件前因疾病身故，一次性给付保险金（多为已交保费与现金价值两金取大）

（续表）

长期护理保险金给付期	多数：5年 少数：7/30/90/180天；3/10年
长期护理状态约定	多数：将重疾险中的重疾释义拆分为“定义”和“长期护理状态”，部分会做调整 少数：无法满足3ADL及以上；CDR为3分；MMSE ≤ 16分
再次失能约定	多数产品不保障恢复后的再次失能

表9　某“含服务选择权的重疾与意外型护理险”责任示例

方式一	由指定院内照护机构提供院内照护服务，保司与院内照护机构直接结算；每次服务以2小时为限，每年以240次为限；累计护理服务期以3年为限
方式二	每月给付基本保额，保险期间内以36个月为限

由前文述，重疾与意外型护理险产品常会圈定10—25种特定疾病作为责任给付的判定标准，本报告梳理了2022年市场上20余款该类型产品中所涉及到的特定疾病，具体见表10。值得特别说明的是，2023年3月31日由银保监会发布的《关于开展人寿保险与长期护理保险责任转换业务试点的通知》决定自2023年5月1日起开展人寿保险与长期护理保险责任转换业务试点，并于附件《人寿保险与长期护理保险责任转换业务规则》给出了符合护理状态判定条件的10种特定疾病，现行市场产品中涉及了全部10种特定疾病，但并非每个产品均完全覆盖。

表 10 “重疾与意外型护理险”中常见的特定疾病[①]

序号	名称	ADL2	标准重疾 3	转换规则 4
1	严重脑中风后遗症	√	√	√
2	严重阿尔茨海默病	√	√	√
3	严重原发性帕金森病	√	√	√
4	多发性硬化	√		
5	全身性（型）重症肌无力	√		
6	严重类风湿性关节炎	√		
7	严重运动神经元病	√	√	√
8	严重脑炎后遗症或严重脑膜炎后遗症	√	√	√
9	严重脑损伤	√	√	√
10	严重特发性肺动脉高压		√	√
11	严重慢性肾衰竭		√	
12	严重慢性呼吸衰竭		√	
13	瘫痪		√	√
14	多个肢体缺失		√	√
15	持续植物人状态			
16	严重原发性心肌病			
17	严重心肌炎			
18	非阿尔茨海默病所致痴呆	√		
19	双目失明		√	√
20	肺源性心脏病			
21	脊髓小脑变性症	√		
22	严重肌营养不良症	√		
23	特定脊髓灰质炎			
24	脑恶性肿瘤——重度			
25	艾森门格综合征			

① 表中疾病按照出现频次由高到低排序。

大部分产品在使用上述特定疾病作为其护理责任的理赔条件时并不会对行业标准的或常见的重疾定义做修改，仅是将原有常规释义拆分为“定义”和“长期护理状态”；部分产品则针对护理责任作为更为贴合或严格的调整，具体见表 11。

表 11　重疾与意外型护理险中采用的病种定义与行业标准 / 常见定义有所区分的示例

<table>
<tr><td rowspan="5">严重运动神经元病</td><td colspan="2">行业标准定义</td></tr>
<tr><td colspan="2">是一组中枢神经系统运动神经元的进行性变性疾病，包括进行性脊肌萎缩症、进行性延髓麻痹症、原发性侧索硬化症、肌萎缩性侧索硬化症，经相关专科医生确诊，且须满足下列至少一项条件：
一、严重咀嚼吞咽功能障碍；
二、呼吸肌麻痹导致严重呼吸困难，且已经持续使用呼吸机 7 天（含）以上；
三、自主生活能力完全丧失，无法独立完成六项基本日常生活活动中的三项或三项以上。</td></tr>
<tr><td colspan="2">部分产品的修改定义</td></tr>
<tr><td>定义</td><td>长期护理状态</td></tr>
<tr><td>是一组中枢神经系统运动神经元的进行性变性疾病，包括进行性脊肌萎缩症、进行性延髓麻痹症、原发性侧索硬化症、肌萎缩性侧索硬化症，须经相关专科医生确诊。</td><td>被保险人永久不可逆的自主生活能力完全丧失，在无他人扶助情况下，即使使用特殊辅助工具（如轮椅、拐杖、助行器等）也无法独立完成六项基本日常生活活动的三项或三项以上，日常生活持续依赖他人监护和照顾。</td></tr>
<tr><td rowspan="2">多发性硬化</td><td colspan="2">行业常见定义</td></tr>
<tr><td colspan="2">指被保险人因脑及脊髓内的脱髓鞘病变而出现神经系统多灶性（多发性）多时相（至少 6 个月以内有两次及以上的发作）的病变，须由计算机断层扫描（CT）、核磁共振检查（MRI）或正电子发射断层扫描（PET）等影像学检查证实，且已经造成自主生活能力完全丧失，无法独立完成六项基本日常生活活动中的三项或三项以上，持续至少 180 天。</td></tr>
</table>

（续表）

多发性硬化	部分产品的修改定义	
	定义	长期护理状态
	多发性硬化为中枢神经系统白质多灶性脱髓鞘病变，病变有时累及灰质。多发性硬化必须明确诊断，并且已经造成神经系统功能损害。	无法独立完成下列基本日常生活活动： 一、移动：自己从一个房间移动到另一个房间； 二、进食：自己从已准备好的碗或碟中取食物放入口中。

整体来看，2022年商业护理险无疑是健康险行业的一大新亮点，其发展取得了较大突破。具体来看，以重疾行业标准/常见定义、意外伤残行业标准为护理险的理赔参考标准，易于当前商业护理险发展阶段下的产品定价与销售；提供服务选择权则更为贴合护理风险保障实际，以金融机构为背书解决“难得服务”的痛点，也与社保长护相接轨。然而仍存在部分问题，一是，当前多数产品的护理给付期为5年，而目前我国人群的平均失能持续时间为6.5年（中度失能情况下）①，2030年预估失能持续时间为7.44年②，未来仍需进一步延长长期护理保险金给付时间以适应市场需求；二是，尽管疾病与意外可以成为失能的归因，但疾病本身与失能仍存在较大差别，需将理赔标准更加与护理相贴合，而不能简单照搬重疾定义，具体可见《中国保险行业重大疾病保险产品病种研究报告——2022》

①《2018—2019中国长期护理调研报告》，中国保险行业协会，中国社会科学院人口与劳动经济研究所，2020年7月。

② Trends and Challenges for Population and Health During Population Aging—China，China CDC Weekly，2021年7月。

的《专题报告二：长期护理相关病种分析》[①]；三是，重疾与意外型护理险的业务模式并非长久之计，行业仍需在此期间积累失能与失智数据，结合社保长护试点经营经验，探索失能与失智视角下的真正的长期护理保险产品。

（六）百万医疗险的延伸

百万医疗险自快速走红以来持续成为健康险市场增长极并一度挤占重疾险份额，但近一两年来面临一定的增长瓶颈，一方面在于传统百万医疗险已进入存量竞争时代，现有承保保单已基本覆盖大部分具有相应支付能力的标体目标客群，另一方面在于随着百万医疗险的不断升级，其责任形态迭代得较为极致，在没有新的疗法诞生的前提下，再难简单依靠新增某项责任引燃市场、成为爆款产品。

2022 年，在责任创新几无空间的背景下，各保司将注意力更多放到人群创新上来，一种是前述的以健康为尺度，通过扩展承保非标体人群以实现新的客群增长；另一种是从支付水平及支付意愿的角度延伸产品维度，向上或向下扩展产品定位以制造新的产品亮点，在吸收新增客群的基础上维护既往客户继续率，更偏向于一种模式创新。

产品定位向上延伸更多地成为了 2022 年百万医疗险市场主流选择，这也是近年来百万医疗险发展的特点之一，即以经济水平发展、保险意识提高、保险消费者信心改善为背景，不断模糊百万医疗险与高端医疗险之

①《中国保险行业重大疾病保险产品病种研究报告——2022》，爱选科技，2022 年。

间的边界，逐步创造出新兴的中间层市场以实现客群扩容。具体来看，一是医院范围的扩展，传统百万医疗险的医院范围为二级及以上公立医院普通部，公立医院的特需部、国际部、VIP 部以及昂贵医院（私立医院）均被排除在保障范围外，而 2022 年的部分百万医疗险将医院范围扩展至特需部，部分还将其设置为可选项，使得产品灵活性有所提升，还有的产品则是圈定了几种特定疾病或产品中的全部重疾列表，仅对此部分疾病所致的医疗责任开放特需部，在扩展保障的同时又兼顾了产品价格；二是费用范围的扩展，传统百万医疗险的费用范围限定为住院医疗费用、特殊门诊医疗费用（含门诊手术费）、住院前后门急诊费用，其中具体费用细项统计详见《分报告六——2022 年中端医疗保险产品数据统计》，2022 年有部分产品将西式理疗费、中医医疗费、重建手术费、耐用医疗设备费、精神和心理障碍治疗费、特别关怀费等高端医疗险产品中才包含的费用项目扩展至百万医疗险中，但给予了相对较低的分项限额，此外还有的百万医疗险产品将门诊医疗设置为了可选责任，但也给予了相对较低的限额或给付比例；三是采取 0 免赔额，传统百万医疗险会对“一般住院医疗责任”设置 1 万元的免赔额，“重疾住院医疗责任”则是 0 免赔，而 2022 年有部分产品开放“一般住院医疗责任”0 免赔的可选责任，即将百万医疗险与小额住院医疗险相结合，通过一张保单经营客户以提升产品吸引力。

产品定位向下延伸在 2022 年更多体现为设计惠民保二次开发产品或类惠民保的其他普惠型医疗险。例如，某惠民保二次开发产品，其产品责任、保额、免赔额及给付比例等与常规百万医疗险一致，但最高可支持至 80 周岁的老年人首次投保，且通过智能核保问卷扩展到可承保非标体，保证续保 5 年并包括无理赔优惠（上一年度无理赔则下一年度降低 1000 元免赔额，保证续保期间内最低降至 6000 元），同时以惠民保身份投保可享 8 折费率优惠；某普惠型医疗险，最高首次投保年龄也开放至 80 周岁，且不限健康状况、无健康告知，仅约定了五大类既往症除外，在此方面与惠民保一致，产品责任却同常规百万医疗险相似，保额和免赔基本一致，仅是给付比例下调至 80%。

（七）个人养老金

2022 年 4 月 21 日，国务院办公厅发布《国务院办公厅关于推动个人养老金发展的意见》，由此开启了养老保险补充制度的新纪元，使“个人养老金”成为了 2022 年保险业不可绕过的重点话题之一。

整体来看，2022 年是个人养老金的制度搭建期，自前述国务院办公厅发布的文件以来，包括人社部、财政部、银保监会、证监会等在内的多部委迅速推出多项新规，制定了一系列具体政策和实施办法，于 2022 年末初步搭建起个人养老金的制度框架。

表 12　个人养老金制度框架发展历程（2022 年）①

日期	部门 / 会议 / 公司	政策 / 动态	要点
4 月 21 日	国务院办公厅	关于推动个人养老金发展的意见	个人养老金制度的指导文件，明确了实行个人账户制度及 12000 元的年缴费上限等政策框架

① 不含与保险或保险公司无关的政策或动态，如《个人养老金投资公开募集证券投资基金业务管理暂行规定》《商业银行和理财公司个人养老金业务管理暂行办法》等。

（续表）

日期	部门 / 会议 / 公司	政策 / 动态	要点
9 月 27 日	国务院常务会议	明确个人养老金制度税收优惠政策框架	对缴费者按每年 12000 元的限额予以税前扣除，投资收益暂不征税，领取收入的实际税负由 7.5% 降为 3%
9 月 29 日	银保监会	关于促进保险公司参与个人养老金制度有关事项的通知（征求意见稿）	对经营个人养老金业务的保险公司资质提出了明确标准；对参与个人养老金业务的保险产品范围提出了明确要求
11 月 4 日	人社部、财政部、税务总局、银保监会、证监会	个人养老金实施办法	对个人养老金参加流程、资金账户管理、机构与产品管理、信息披露、监督管理等方面做出具体规定
11 月 4 日	财政部、税务总局	关于个人养老金有关个人所得税政策的公告	进一步明确了个人养老金实施递延纳税优惠政策在缴费、投资、领取环节的细则
11 月 22 日	银保监会	关于保险公司开展个人养老金业务有关事项的通知	相比于征求意见稿，新增了“最近 4 个季度风险综合评级不低于 B 类”的准入门槛；对养老主业突出、业务发展规范、内部管理机制健全的养老保险公司，可以豁免上年度末所有者权益不低于 50 亿元的规定
11 月 23 日	中国银保信	公示了首批个人养老金保险产品名单	包含 6 家保险公司的 7 款产品，均为专属商业养老保险产品
11 月 25 日	人社部、财政部、税务总局	关于公布个人养老金先行城市（地区）的通知	个人养老金先行城市（地区）名单正式出炉，涵盖 31 个省、自治区、直辖市的 36 个城市或地区，标志着个人养老金试点正式启动（试行一年）

2022 年 11 月 25 日，随着《关于公布个人养老金先行城市（地区）的通知》的发布，个人养老金制度正式启动实施，首批入选 7 款产品的 6 家保险公司陆续开出个人养老金首单。

截至 2023 年 4 月 21 日，即“个人养老金”制度诞生一周年之际，共有 32 款保险产品、18 款理财产品、137 款基金产品、465 款储蓄产品入选个人养老金产品目录[①]，保险产品仅占比不足 5%。具体来看，分别为 4 家养老险公司提供的 10 款产品及 12 家寿险公司提供的 22 款产品，具体见表 13。现阶段纳入个人养老金制度的保险产品中以年金保险为主要产品，占比 78.13%，其中以专属商业养老保险、传统型年金保险产品居多，还有部分创新产年金产品，其余为两全保险，具体见表 14。

表 13　商业保险公司参与个人养老金制度的产品情况（截至 2023 年 4 月 21 日）

公司类型	公司简称	产品数
养老险公司	国民养老	4
	泰康养老	3
	太平养老	2
	新华养老	1
寿险公司	泰康人寿	3
	太平人寿	3
	国寿寿险	2
	工银安盛	2
	建信人寿	2
	农银人寿	2
	太保寿险	2

① 数据来源：国家社会保险公共服务平台。

（续表）

公司类型	公司简称	产品数
寿险公司	友邦人寿	2
	交银人寿	1
	人保寿险	1
	新华人寿	1
	阳光人寿	1

表 14　个人养老金制度中的商业保险产品分类及数量（截至 2023 年 4 月 21 日）

<table>
<tr><th colspan="3">产品分类</th><th colspan="4">产品数量</th></tr>
<tr><td rowspan="5">年金保险</td><td colspan="2">传统型</td><td colspan="2">8</td><td rowspan="5">25</td><td rowspan="6">32</td></tr>
<tr><td rowspan="3">创新型</td><td>分红型</td><td>1</td><td rowspan="3">6</td></tr>
<tr><td>万能型</td><td>5</td></tr>
<tr><td>投连型</td><td>0</td></tr>
<tr><td colspan="2">专属商业养老保险</td><td colspan="2">11</td></tr>
<tr><td colspan="3">两全保险</td><td colspan="3">7</td></tr>
</table>

目前，保险公司在个人养老金制度参与过程中仍体现出参与主体较少、产品丰富度较低、话语权较弱的特点，尚未真正发挥出保险公司应当在第三支柱养老保险中应当发挥的作用。具体来看，有三大问题亟待解决。一是，供给主体不足、产品数量较少，根据监管部门对于参与个人养老金制度的资质标准，有 30 家左右保险公司入围，但其中仅有 16 家公司推出了相关产品，且在所有个人养老金产品中保险产品占比不足 5%，可供消费者选择的范围有限；二是，产品类型有限、产品责任单一，当前的个人养老金产品中多为专属商业养老保险或传统型年金，分红型、万能型产品供给有限，没有投连型产品入围，而受资金周期较长、养老特殊场景

的影响，消费者在选择时以公司（银行）经营稳定性、产品预期收益为优先条件，在市场利率持续走低的背景下，注重体现经营稳定的分红型产品或成为消费者的青睐，未来应有更多分红型产品入围，并且当前的入围产品以生存金给付为主要责任，较少含有死亡责任，未来应有更多包含全残责任、达到失能或护理状态责任的产品入围，为消费者提供更多选择；三是，缺乏渠道话语权，个人养老金制度以银行为核心，任一参加该制度的消费者均需在银行开户，部分保司担心在这一流程中造成客户流失从而对入局个人养老金持观望态度，但我们也关注到了部分公司以个险营销员渠道为主力军，依靠其高质量个险队伍的专业销售技巧，在流程中重掌话语权，但产品佣金率是这一模式的关键，跳出单一产品利益导向的思维定式或成为依靠个险队伍发展个人养老金模式的方法之一。

（八）双被保险人增额终身寿险

受投资环境波动、市场利率下行等因素影响，稳定与保证收益成为消费者所青睐的因素，而具备“锁定收益”功能的增额终身寿险产品无疑成为了 2022 年火热的保险产品，激烈的市场需求刺激了保险公司的产品开发，其间“双被保险人”的设计成为创新点，部分保司相继入局，其成为 2022 年中下旬增额终身寿险开发和销售中的特色产品。

实际上，“双被保险人增额终身寿险”的设计并非 2022 年首创，其实际上属于“连生死亡保险”，即一张保单承保若干（通常为两个）被保险人，以其中任何一个或若干个死亡为给付保险金条件的保险，中国内地早在 20 世纪 90 年代末便有相关产品实践，当时这种双被保险人的设计多应用于少儿教育金产品，用于解决父母死亡的不确定性带来的子女教育资金不足的问题，具体形态见表15。

表15　某连生死亡保险产品形态示例

被保险人范围	第一被保险人	0（30天）—14周岁
	第二被保险人	21—55周岁的第一被保险人的父母之一
保险责任	身故（高残）保险金	第一被保险人：身故退还已交保费，合同终止 第二被保险人： 一、合同生效1年内身故或高残，向第一被保险人给付1000元，合同继续有效 二、合同生效1年后身故或高残，向第一被保险人给付10000元，合同继续有效 △ 第二被保险人的责任至第一被保险人22周岁保单周年日终止
	生存保险金	第一被保险人： 15—17周岁，每年生存给付200元（11—14周岁投保的，无此项给付） 18—21周岁，每年生存给付400元 22周岁生存，给付5000元，合同终止

而此类连生死亡保险在中国内地的市场表现始终不温不火，直至近几年来，“双被保险人”的设计再次出现在民众视野内，应用于部分寿险和重疾险上，并于2022年较多出现于增额终身寿险的产品中，成为部分保司“开门红”期间的“新卖点”。

此种双被保险人增额终身寿险是在客户投保时给予客户“单一被保险人”或“双被保险人”的选择权，选择“单一被保险人”的客户同常规终身寿险无异，而选择“双被保险人”的情况下，保单的保障期间与权益则由两名被保险人的生存状况共同决定，当最后一名被保险人身故时，保单才终止，相当于延长了保单现金价值的积累周期。同时，选择“双被保险人”的客户还可在保单生效一定时间后申请减少一名被保险人，以此实现保单或资产的定向传承。此类产品的定价依托于两名被保险人的年龄、性别及健康状况，一般来说，会以“预期寿命”长的那名被保险人作为费率确定标准，并且由于增额终身寿险的特殊性，当现金价值超过身故保额时，其投资功能便大于风险转移功能，被保险人的变更也不再影响保单的风险暴露，才使得“双被保险人”的形式从精算角度可以实现。目前内地已上市的大部分产品仅允许客户做出一次被保险人的变更，即将两名被保险人减少至一名，但也有部分产品允许多次变更被保险人（只要保单的现金价值超过了身故保额），其更多见于香港地区的保险市场。

表 16　某双被保险人增额终身寿险产品形态示例

投保年龄		0（30 天）—70 周岁
保险期间		终身
有效保额		［1.035^（保单年度数 –1）］× 基本保额
被保险人变更条件		第 7 个保单周年日后且缴费期间届满，如保单的被保险人为两人且两名被保险人均生存，投保人可申请减少其中一名被保险人，经审核通过后可退还部分现金价值
身故保险金	被保险人为 1 名	一、18 周岁前身故，给付 max（已交保费，现金价值）； 二、18 周岁后且交费期内身故，给付 max（已交保费 × 给付比例，现金价值）； 三、18 周岁后且交费期外身故，给付 max（已交保费 × 给付比例，现金价值，有效保额） △ 给付比例：17 周岁及以下，100%，18—40 周岁，160%；41—60 周岁，140%；61 周岁及以上，120%

（续表）

身故保险金	被保险人为2名	一、一人身故后，另一人于18周岁前身故，给付max（已交保费，现金价值）； 二、一人身故后，另一人于18周岁后且交费期内身故，给付max（已交保费 × 给付比例，现金价值）； 三、一人身故后，另一人于18周岁后且交费期外身故，给付max（已交保费 × 给付比例，现金价值，有效保额）； 四、二人同时身故，按照前三项约定分别计算2人的身故保险金额，并按照较大值给付身故保险金 （一）若二人均在18周岁前或18周岁后身故，分别向受益人给付50% 身故保险金； （二）若一人在18周岁前身故，另一人在18周岁后身故，先向前一被保险人的受益人给付min（已交保费，50% 身故保险金），再向后一被保险人的受益人给付剩余身故保险金
注：两名被保险人可分别指定其对应的身故受益人		

从消费者角度来看，此类产品具有三方面的吸引力。一是，增额终身寿险原有的特点——“锁定收益”，在利率下行的背景下可以长期固定在一个稳定的收益水平；二是，延长资产的积累期，以最后一名身故的被保险人身故时间为保险金给付节点，延长了传统保单的长度，使得现金价值在锁定收益的情况下积累更久；三是，给到了传承保单的选择权，不同于传统终身寿险产品，客户仅能将资产以身故保险金的形式传承给受益人，此种模式可通过减少被保险人的操作将保单传承给子女，使得资产传承的灵活性得以更多提升。

（九）特定疾病保险

“特定疾病保险”是专门针对某种或某几种重大疾病予以保障的疾病

保险产品。一般来说，按照疾病类型可包含专门承保“恶性肿瘤”“肺部疾病”“糖尿病及其并发症”“肝肾疾病”“罕见病”等的产品，按照性别可区分为“男性特定疾病保险”和“女性特定疾病保险”，按照年龄可包含“少儿特定疾病保险”“老年特定疾病保险”等。本部分内所称的“特定疾病保险”专指按照性别及年龄区分的四类产品。

受社会各界对于女性“两癌”的重视、“HPV 疫苗”接种工作的逐步推开等因素影响，近年来有更多“女性特定疾病保险”产品上市，其一般会以“妇女节”“母亲节”等为时间节点展开宣传与销售，并于 2022 年取得了较为不错的市场反应。一般而言，此类产品主要围绕女性高发的恶性肿瘤——重度保障展开，保额在 5 万—20 万元的水平，并会附带与女性健康高度相关的增值服务，以 HPV 疫苗代预约为宣传重点，由此吸引了大批适龄女性投保。

表 17　某女性特定疾病保险产品形态及搭配服务

产品形态			
投保年龄	18—50 周岁		
保险期间	1 年		
等待期	90 天（增值服务为 15 天）		
保额限制	计划一	计划二	计划三
	5 万元	10 万元	20 万元
保险责任	特定疾病给付 100% 基本保额，限 1 次		
	原发于以下部位的恶性肿瘤——重度：乳腺、子宫、子宫内膜、宫颈、卵巢、输卵管、阴道、外阴		

（续表）

服务内容	
癌症筛查	TP53 抑癌基因检测
女性高危疾病检测	13 项女性高发疾病基因检测
肿瘤特药咨询	在线咨询、线上购药
乳房一期再造手术绿通	入院、手术安排等
HPV 疫苗代预约	4 价、9 价 HPV 疫苗 3 针代预约

除了女性专属产品外，面向老年群体的特定疾病保险也成为了 2022 年人身保险市场的热点产品，以老年防癌给付型为典型，产品形态较为简单，面向中老龄群体，保险期间较长，对“恶性肿瘤——重度”“恶性肿瘤——轻度”“原位癌”予以保障，部分产品开放二次给付责任，并融入互动式因素，具体见表 18。再者，还有承保一系列老年高发疾病的产品，病种覆盖 5—15 种，一般不提供终身保障，具体见表 19。

表 18　老年防癌给付型常见产品形态示例

投保年龄		50—80 周岁
被保人群		标准体 + 部分非标体
保险期间		20/30 年，终身
交费期间		5/10/20 年交
等待期		180 天
保额限制		5/10/20 万元
必选责任	“恶性肿瘤——重度”	1 次，100% 基本保额
	“恶性肿瘤——轻度”	1 次，30% 基本保额
可选责任	“原位癌”	1 次，20% 基本保额
	“恶性肿瘤——重度”二次给付	1 次，100% 基本保额

（续表）

可选责任	保费豁免	“恶性肿瘤——重度”/“恶性肿瘤——轻度”/“原位癌”豁免
	身故	max（已交保费，现金价值）
互动规则	规则标准	基于体检数据、行为数据、健康数据等进行健康年龄测评
	互动结果	优选体：对“恶性肿瘤——重度”增额20%

表19　老年特定疾病保险常见产品形态示例

投保年龄			50—75周岁	
被保人群			标准体	
保险期间			10/20年	
交费期间			10/20年交	
等待期			180天	
保额限制			5/10/20万元	
保险责任	老年特定疾病保险金		5—15种，1次，100%基本保额	
	身故保险金		max（已交保费，现金价值）	
老年特定疾病	1	较重急性心肌梗死	9	非阿尔茨海默病所致严重痴呆
	2	严重脑中风后遗症	10	瘫痪
	3	恶性脑肿瘤	11	类风湿性关节炎
	4	严重非恶性颅内肿瘤	12	严重脑损伤
	5	严重脑炎后遗症或严重脑膜炎后遗症	13	多发性硬化
	6	严重阿尔茨海默病	14	冠状动脉搭桥术（或称冠状动脉旁路移植术）
	7	严重原发性帕金森病	15	原发性骨髓纤维化
	8	严重运动神经元病	……	

此外，2022年还有一款家庭版特定疾病保险计划值得关注，共区分为男性、女性、少儿、老年四个版本，分别提供胃癌、子宫颈癌、白血病、阿尔茨海默病的保障，为家庭版的特定疾病保险产品提供了较好的思路。该产品可单独投保亦可跟随投保，投保规则见表20。

表20　某家庭版特定疾病保险计划的投保规则[①]

版本	单独/跟随投保	最高保额限制
男性	投保女性/少儿版本时可跟随投保	18—40周岁：1万元；41—55周岁：3000元
女性	可单独投保 也可跟随投保	单独投保或投保女性版本时跟随投保其他版本： 18—40周岁：3万元；41—55周岁：1万元 投保少儿版本时跟随投保女性版本： 18—40周岁：1万元；41—55周岁：3000元
少儿	可单独投保 也可跟随投保	单独投保或投保少儿版本时跟随投保其他版本：20万元 投保女性版本时跟随投保少儿版本：5万元
老年	投保女性版本时可跟随投保	3000元

（十）带病体人群保险

由前文述，带病体人群保险属于非标体保险的一种，具有非常鲜明的产品特色。一方面，它与常规非标体保险不同，具体在于其是面向某类已

① 该产品信息于2022年8月调研，截至调研时，单独投保端口仅开放女性版本和少儿版本，男性可从女性或少儿版本进入跟随投保，老年仅可从女性版本进入跟随投保，女性和少儿可以互相跟随投保但从不同版本的端口进入保额不同。

患病人群的产品，而非患病风险较高的人群，受众群体的疾病风险更具有确定性；另一方面，它与社保或惠民保对于既往症人群的承保不同，社保或惠民保承保的是既往疾病医疗的确定性风险，相比保险原理，更具有强制与普惠的性质，而带病体人群保险承保的却是既往疾病的病程进展或复发，以及其容易并发的其他疾病的保障，在这一方面则更具有不确定性。正是上述两点特性，使得带病体人群保险相比于一般的产品在形态设计与费率厘定方面具有更高难度，要求保险公司对于相关风险有足够深度的研究，需要医学与精算更为精确的结合，加之业内早期实践的销量反馈极差，导致带病体人群保险的市场供给极少。

然而，带病体人群保险潜在市场广阔。随着老龄化社会进程加快，医药技术的不断发展，重症及慢性病人群数量不断上升，以癌症为例，各类癌症的五年生存率已由2003—2005年的30.9%上升至2012—2015年的40.5%①，10年间增长了10%，带病生存成为常态使得该部分群体所需的医疗费用进一步增加，亟须某 支付方协助降低负担。

2022年1月，银保监会下发《商业健康保险发展问题和建议报告》，明确对“慢性病”“罕见病”的用药保障，并提出为“带病体”“老年人”提供更多保障选择，这为2022年带病体人群保险的发展提供了明确指引，2022年有更多产品上市，主要为面向癌症、帕金森病、癫痫等已患病人群的保障，具体产品形态见表21—表23。

① 数据来源：国家癌症中心。

表 21　某乳腺癌复发保险产品形态

<table>
<tr><td colspan="2" rowspan="2">版本</td><td colspan="3">医疗险</td><td rowspan="2">疾病险</td></tr>
<tr><td>基础版</td><td>进阶版</td><td>尊享版</td></tr>
<tr><td rowspan="6">基本信息</td><td rowspan="2">投保人群</td><td colspan="4">18—65 周岁</td></tr>
<tr><td colspan="4">接受了乳腺癌手术治疗或术前新辅助治疗且同时符合以下条件的乳腺癌女性患者：
1. 切缘阴性
2. 没有远处转移
3. 病理分期为原位癌（即 0 期）、Ⅰ期、Ⅱ期
4. 无不典型增生
5. 复查无新增不明性质结节
6. 术后没有复发史
7. 无其他重大疾病</td></tr>
<tr><td>保险期间</td><td colspan="4">1 年</td></tr>
<tr><td>交费方式</td><td colspan="4">趸交，支持月交</td></tr>
<tr><td>等待期</td><td colspan="4">90 天</td></tr>
<tr><td>医院范围</td><td colspan="4">二级及以上公立医院普通部 + 指定康复医院</td></tr>
<tr><td rowspan="3">必选责任</td><td rowspan="3">乳腺恶性肿瘤复发保障</td><td>10 万元</td><td>30 万元</td><td>100 万元</td><td rowspan="3">10/20/30/40/50 万元</td></tr>
<tr><td colspan="3">0 免赔</td></tr>
<tr><td colspan="3">经社保报销，100% 给付
未经社保报销，60% 给付</td></tr>
<tr><td rowspan="5">可选责任</td><td rowspan="2">重大疾病保险金</td><td colspan="4">6 种核心重疾（新发）</td></tr>
<tr><td colspan="4">1 万元</td></tr>
<tr><td rowspan="3">康复医疗保险金</td><td colspan="4">100 万元</td></tr>
<tr><td colspan="4">0 免赔</td></tr>
<tr><td colspan="4">经社保报销，30% 给付
未经社保报销，25% 给付</td></tr>
</table>

（续表）

版本		医疗险			疾病险
		基础版	进阶版	尊享版	
可选责任	乳腺癌特种药品保险金	—	41 种		
			20 万元 /50 万元		
			0 免赔		
			经社保报销，100% 给付 未经社保报销，60% 给付		
	乳腺癌特许进口药品保险金		10 种		
			20 万元 /200 万元		
			0 免赔		
			100% 给付		

表 22　某帕金森人群特定疾病保险产品形态

投保人群	18—80 周岁的 Hoehn–Yahr 分级不高于 3 级的帕金森病及其他帕金森综合征患者			
保险期间	1 年			
等待期	14 天（特定器械耗材 90 天）			
医院范围	二级及以上公立医院普通部 + 保司扩展承保医院普通部			
保险责任	特定药品医疗费用	特定器械耗材费用	医保内住院医疗费用	严重药品不良反应住院医疗
说明	27 种	2 种	医保自费部分	9 种
保额	2000 元	首年：5000 元 第 2 年：1 万元 第 3 年：2 万元 第 4 年：3 万元	2 万元	70 万元

（续表）

<table>
<tr><td colspan="3">免赔额</td><td colspan="2">0</td><td>2.5 级及以下：
500 元
3 级：2000 元</td><td>1 万元</td></tr>
<tr><td rowspan="10">给付比例</td><td rowspan="5">有社保</td><td>首次随访前</td><td>30%</td><td colspan="2">30%</td><td rowspan="5">30%</td></tr>
<tr><td>1 次随访后</td><td>32.5%</td><td colspan="2">35%</td></tr>
<tr><td>2 次随访后</td><td>35%</td><td colspan="2">40%</td></tr>
<tr><td>3 次随访后</td><td>37.5%</td><td colspan="2">45%</td></tr>
<tr><td>4 次随访后</td><td>40%</td><td colspan="2">50%</td></tr>
<tr><td rowspan="5">无社保</td><td>首次随访前</td><td>30%</td><td colspan="2">18%</td><td rowspan="5">30%</td></tr>
<tr><td>1 次随访后</td><td>32.5%</td><td colspan="2">21%</td></tr>
<tr><td>2 次随访后</td><td>35%</td><td colspan="2">24%</td></tr>
<tr><td>3 次随访后</td><td>37.5%</td><td colspan="2">27%</td></tr>
<tr><td>4 次随访后</td><td>40%</td><td colspan="2">30%</td></tr>
</table>

表 23　某癫痫人群特定疾病保险产品形态

<table>
<tr><td colspan="2">版本</td><td>药无忧版</td><td>医无忧版</td></tr>
<tr><td colspan="2">投保人群</td><td colspan="2">1—40 周岁的癫痫患者</td></tr>
<tr><td colspan="2">保险期间</td><td colspan="2">1 年</td></tr>
<tr><td colspan="2">交费方式</td><td colspan="2">趸交，支持季交</td></tr>
<tr><td colspan="2">等待期</td><td colspan="2">90 天（仅医保内一般住院医疗）</td></tr>
<tr><td colspan="2">医院范围</td><td colspan="2">二级及以上公立医院普通部 + 上海德济医院 + 北京右安门医院</td></tr>
<tr><td rowspan="4">保险责任</td><td rowspan="4">医保内一般住院医疗</td><td colspan="2">因癫痫所致意外伤害且须住院治疗的医保内费用</td></tr>
<tr><td colspan="2">300 万元</td></tr>
<tr><td colspan="2">1 万元免赔</td></tr>
<tr><td colspan="2">用医保结算，50% 给付
未用医保结算，25% 给付</td></tr>
</table>

（续表）

保险责任	手术意外身故 / 伤残	首次接受癫痫病灶定位手术联合病灶切除 / 损毁手术、癫痫病灶切除术或癫痫手术时因医疗意外、因施行医疗手术发生麻醉意外导致的身故或伤残	
		10 万元	
	药品费用	51 种抗癫痫药品	—
		限 200 元 / 月，1000 元 / 年	
		100% 给付	
	严重药品不良反应住院医疗	因正常使用 51 种药品所致严重药品不良反应住院	
		2 万元	
		100% 给付	

五、总结

2022 年，中国人身保险市场共有 1700 余款产品上市，报备数量继续放缓，依旧呈现着健康险产品为主、寿险产品为辅的数量特点。在“稳字当头、稳中求进”的总基调下，2022 年的人身保险产品在创新方面持续发力，尤其是健康保险端，主要体现在为存量人群增责任以提升保障和延展保险产品的边界以扩展非传统保险人群从而实现增量。

在增责任方面，一是百万医疗险长期化、中高端化，突破百万医疗险一年期的保障窘境，在保证续保与费率可调的双重加持下，实现保司利润与客户需求间的平衡，并在产品中开放特需部住院医疗，满足经济发展背景下更多普通客户对于高质量医疗的需求，百万医疗险与中高端医疗险的边界进一步模糊，而此种长期化、中高端化的趋势将加深医疗险对于重疾险的冲击，在无实质创新的情况下，重疾险规模或在一段时间内持续下降并最终保持在一小部分市场；二是引入互动式的概念，对健康人群给予健康激励，此种模式基于对健康数据的实时监测与深度学习，要求健康风险评估模型绝对专业、可靠并依照实际情况不断优化与完善，通过保险产品与健康管理的更深度结合，革新保险事后理赔的底层逻辑，以增保额、降免赔、加服务等形式鼓励用户提升健康自促性，通过真实风险改善以反哺产品，从而实现最终的良性循环。这一概念的引入扩展了产品维度与丰富性、增加了产品与客户间的交互、通过正向激励来改善保险产品保障客户负面情况的营销痛点，其已然成为人身保险行业保留和新增健康人群的重要手段。

在扩人群方面，一是老年市场的经营，延长医疗险产品的首次最高可投保年龄，将更多老年群体纳入到保险保障中，通过大数据、体检、智能核保等手段合理控制风险，行业在对老年群体健康数据缺乏、患病风险分析不足、风险管理能力欠缺等诸多难题正逐步被解决，以及重疾与意外型护理险的出现也是保险产品在老年市场的有力补充，给到了商保护理解决方案新思路，但护理险最终仍应以失能风险为核心，逐步积累行业经验数据，并将产品终端连接到服务上去；二是纳入非标体、带病体人群，将百万医疗险的承保范围扩展至可包含非标体人群，或推出专门面向非标体、带病体人群的医疗险、重疾险、特定疾病保险产品，对于风险进行精细化分类和具象化管理，更好帮助市场回归风险管理的本质，提供风险解决方案和合理规制风险的综合服务，有助于发挥精算技术在实务中的应用并促进其与大数据、人工智能等新兴技术的结合，使得风险得以被更为精准的识别、评估和应对。在生育率降低、老龄化加剧和慢病年轻化背景下，老年与非标体人群必然地成为了2022年人身保险市场增量竞争的关键，未来应当在进一步数据积累与研究的基础上，更好地识别和经营此类风险，从而促进这一领域的差异化竞争，贴合市场真实需求。

此外，2022年还有两类不得不提的产品。一是增额终身寿险，于2017年出现并自2019年起逐步成为保司主要产品，于2022年攀升至各司销量之首，2022年约有98%的产品增额率为3.5%，为消费者在低利率环境下提供了一种较高且稳定的投资选择，也为各保司的保费稳定增长提供了坚实支撑，但随着市场利率普遍下行，各公司仍应关注利差损风险，20多年前的3种创新型产品的诞生及运作经验或能成为当前情景下的参考；二是个人养老金，其开创了养老保险补充制度的新纪元，于2022年内顺利完成制度框架搭建并陆续分批上线多款产品，该制度为民众提供了每年12000元的税收递延政策，大部分入围保险产品的结算年利率为5%左右，为民众提供了养老场景下长期且稳定的收益，但目前保险产品数量不足全种类入围产品的5%，进一步提升保险产品在个人养老金制度中的丰富度，依托个险渠道增强保险方的话语权，是行业未来在个人养老金制度中的努力方向。

2023年，行业在产品端仍需在精细化管理、合规化经营的前提下，持续加强产品的真实创新，注重保障型产品开发，在定期寿险、疾病保险、医疗保险、护理保险等产品上发力；坚持围绕养老和健康两大市场需求，在终身寿险、年金保险等产品上搭配养老服务、护理服务；持续纳入老年、非标及带病体人群，提升风险经营专业能力；融入互动式因素，依托合理的健康风险评估构建良性循环。产品是保险行业的关键一环，更多地关注产品特色，注重创新管理，才能更好地进行稳规模、调结构，助力行业高质量发展。

专题报告四

新型人身保险产品发展趋势分析

新型人身保险产品是相对于收益确定的传统型寿险产品而言兼具风险保障功能和储蓄投资功能的可变收益产品，主要包括分红保险、万能保险和投连保险。近年来，由于低利率环境的持续叠加居民风险偏好逐步降低，传统险业务对总保费贡献不断提高，而新型产品的贡献却不断减少。

2023 年以来，寿险预定利率将下调的消息在业内广泛传播。2023 年 3 月末，为引导人身保险业降低负债成本，加强行业负债质量管理，银保监会人身保险监管部组织保险行业协会以及 23 家人身保险公司召开座谈会，摸底人身保险行业负债成本及资产负债匹配情况。4 月 20 日，业内获悉监管部门对相关保险公司进行窗口指导，要求新开发产品定价利率从 3.5% 降至 3.0%。直至 7 月中旬，监管陆续对险企再一步进行窗口指导，要求在 7 月 31 日 24 点前下架定价利率大于 3.0% 的保险产品，以及保底 2% 以上的万能险产品。至此，“靴子”已然落地，保险产品预定利率迎来了“3% 时代”。

而由于近些年市场竞争加剧，保险公司普遍采用监管定价利率上限进行产品设计。以增额终身寿险、快返型年金为代表的储蓄型产品成为近两年寿险行业主要增长来源。定价利率下调后，这类保险产品与其他金融产品相比较高收益率带来的竞争优势将降低，构筑于该基础之上的产品体系、销售体系、运营体系等等都需要做出相应调整，重新适应新时代的新要求。

这一变局与20世纪90年代后期保险业所处之局势可做类比，当时保险公司通过积极开拓新型人身保险产品破局，在一段时期内取得经营业绩的快速发展。以史为鉴，本报告通过系统梳理新型人身保险产品在国内的发展历程，结合各时期的宏观政策及经济环境，基于国内外历史经验启示，分析新型人身保险产品当下所面临的机遇与挑战及未来的发展趋势。

一、新型人身保险产品简介

（一）三类产品简介

1. 分红保险

分红保险指保险公司将其实际经营成果优于定价假设的可分配盈余，按一定比例，以现金红利或增额红利的方式向保单所有人进行分配的新型人寿保险产品。其中，分配给保单所有人的保单盈余就是保单红利。分红保险的红利来源于死差益、利差益和费差益，投保人可以与保险公司共享经营成果，同时，由于每年保险公司的经营状况不一样，客户所能得到的红利也会不同。分红保险本质是风险保障 + 额外收益，保单的固定利率与市场收益率的变动风险在保单受益人和保险公司之间共同承担，从而形成共享收益与平滑风险的机制。

分红保险的红利分配方式有两种，一种是“英式分红”，又称“增额红利”，是指将红利变成保额复利递增，客户只有在发生保险赔付责任或满期时才能领取保额。另一种是“美式分红”，又称“现金红利”，包括现金领取、累计生息、抵交保费、增额缴清等红利领取方式，其中增额缴清领取方式会增加保额，但这样增加的保额和英式分红法下的增额分红是有区别的，即现金分红法下的以增额缴清方式所增加的保额是基于保单对可分配盈余的贡献计算的。而英式分红法下的增额分红，红利会以相对一致的保额分红率分配给客户，是在所有分红业务的客户群中比较平均的分配增额红利。另外，增额红利通常体现了在整个保险期间的预计分红水平，因此保单前期显得较高，而现金红利基于实际对于可分配盈余的贡献，因此在保单前期较低，后期较高。这两种红利分配方式各有利弊，消费者需要根据自己的实际需求来选择。

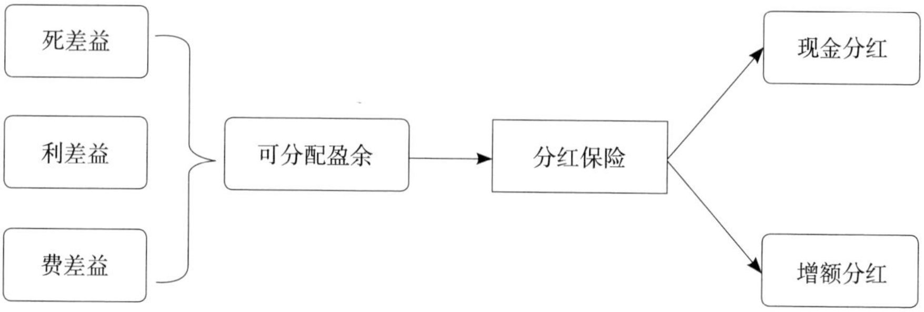

图 1　分红保险红利来源及分配方式

2. 万能保险

万能保险是一种具有保险保障功能并设有单独保单账户，且保单账户价值提供最低收益保证的人身保险，兼具保险保障和储蓄投资功能。具有三个主要特征：第一，保费缴纳灵活。万能保险的保费交纳方式较为灵活，投保人可根据自己的需要选择一次性交清保费，或者分次交清保费。第二，可灵活调整保险金额。投保人可以根据自己对保障、投资的不同需求自主选择或随时变更保险金额，通常保险公司会规定最低保险金额，而且保险金额的变更需要在保单成立且生效满一年以后。第三，具备保障寿险产品的特征。万能保险产品可以为投保人提供相应的人身保障，当被保险人出险时，保险人将给予相应的保险金给付。相比分红险，万能保险投资账户有相对明确的投资策略，在风险可控的前提下，尽量提高账户的财

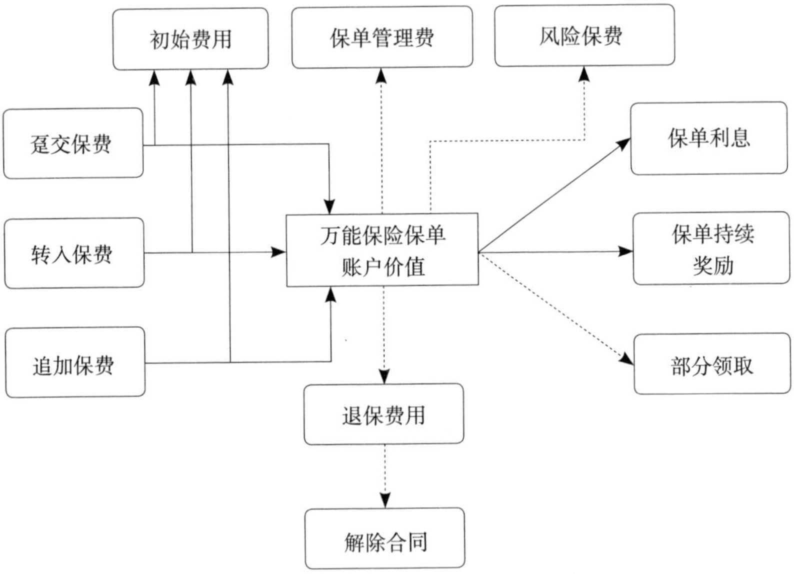

图 2　万能保险保单账户运作演示

务投资收益率，产品透明度相对较高，所缴保费扣除初始费用、保障成本和进入投资账户的比例都会提供明确说明。保险公司每月或每季度进行保单账户价值结算，并于官方渠道公布当月 / 当季的结算利率。

3. 投连保险

投连保险是指包含保险保障功能并至少在一个投资账户拥有一定资产价值的人身保险产品[①]。投连保险保单的保险利益水平与保险公司的投资业绩直接相关联，投资账户由保险公司进行投资运作，投资者通过投资账户净值增长实现收益，各投资账户完全独立于保险公司的其他投资账户。每款投连保险一般都设有保证收益账户、发展账户和基金账户等多个账户。每个账户的投资组合不同，账户区别主要反映在投资领域（如基金、股票、期货、银行存款），账户资金投资比例不同，导致账户收益和风险存在差异。由于投资账户不承诺投资回报，保险公司在收取资产管理费后，所有的投资收益和投资损失由客户承担。因此，投连保险适合于具有理性的投资理念、追求资产高收益同时又具有较高风险承受能力的投保人。

从投连保险的产品设计来看，其“投资账户”就相当于一种共同基金，投资者在享受寿险保障的同时，还可以从身故保险金和现金价值的变化中享受到投资的好处。另一方面，投连保险的现金价值和身故保险金可以根据投资账户的实际投资业绩发生变化，由于投资账户的资产大都分布在资本市场的投资工具上，而根据长期的历史经验来看，资本市场投资工具，特别是普通股的收益率与通货膨胀同向变化，且快于通货膨胀的上

① 原保监会:《中国保监会关于规范投资连结保险投资账户有关事项的通知》（保监发〔2015〕32 号）。

升，从而具有良好的防范通货膨胀风险的作用，也正是因为这一点，投连保险在国外很多寿险市场上都占据重要地位。

11　投资账户的设立与管理

投资账户是我们为履行本合同的保险责任，依照国家政策和相关适用的法律、法规、规章及规定，为投连保险产品的资金运作设立一个或者多个专用投资账户。投资账户的投资组合及运作方式由我们决定。各投资账户的投资风险完全由您承担。

投资账户价值划分为等额单位，以投资单位数计理，投资损益将直接影响投资账户价值的变化。

在符合相关适用的法律、法规、规章及规定的前提下，我们有权将投资账户的管理全部或者部分委托给我们以外的金融机构。

图 3　某投连保险条款中对投资账户管理的说明

（二）对比分析与小结

总的来看，分红保险没有投资账户，红利主要来自保险公司实际运营中的利差、死差和费差，与传统产品相比费率较高；万能保险和投连保险拥有投资账户，收益主要来自投资利差，前者有最低保证收益，后者则完全取决于投资收益。

表 1　新型寿险产品区别辨析

	传统寿险	分红保险	万能保险	投连保险
保单功能	保障	保障 + 分红	保障 + 投资	保障 + 投资
保单利率	预定利率固定	较低预定利率	较低保证利率	无保证利率
资金运作	统筹账户	专门账户	普通账户 + 专门账户独立运作	普通账户 + 专门账户独立运作
投资风险	保险公司承担	客户与保险公司承担	客户与保险公司承担	客户承担

（续表）

	传统寿险	分红保险	万能保险	投连保险
投资收益	按固定的预定利率计算保单收益	按公司产生的盈余进行红利分配	不低于最低保证利率，收益与专门账户收益相关	无最低保障，实际收益由专门账户的投资收益决定

二、新型人身保险产品的发展情况

（一）诞生背景

国内新型人身保险产品诞生于人身保险产品在预定利率上限较低而缺乏竞争力的背景下，保险公司通过创新新险种实现产品转型。

改革开放以来，我国金融业实现快速发展，金融体制深入改革，金融机构实现多元化后，业内竞争愈演愈烈，金融产品之间的可替代性也日趋增强。20 世纪 90 年代中后期，受亚洲金融危机等多种因素的影响，我国自 1997 年以来出现了通货紧缩的趋势。1996 年 5 月—2002 年 2 月中国人民银行（以下简称“央行”）连续 8 次降低存贷款利率，存款利率平均累计下调 5.98 个百分点，贷款利率平均累计下调 6.92 个百分点。1996—2002 年，定期存款的降息幅度最大，一年期定期存款利率从 9.18% 降到 1.98%，降幅达 78%；贷款利率从 10.98% 下调到 5.31%，降幅为 52%。降息最频繁的是 1996—1999 年，连续 7 次降息且平均 5 个月左右降一次，仅 1998 年就降息 3 次。

在 1997 年以前，由于保险业缺乏对偿付能力的深刻理解，产品预定利率在当时一年期定期存款利率基础上简单加成，部分人身保险产品预定利率达到 8%—10%，央行不断降息后行业蒙受了巨额利差损。

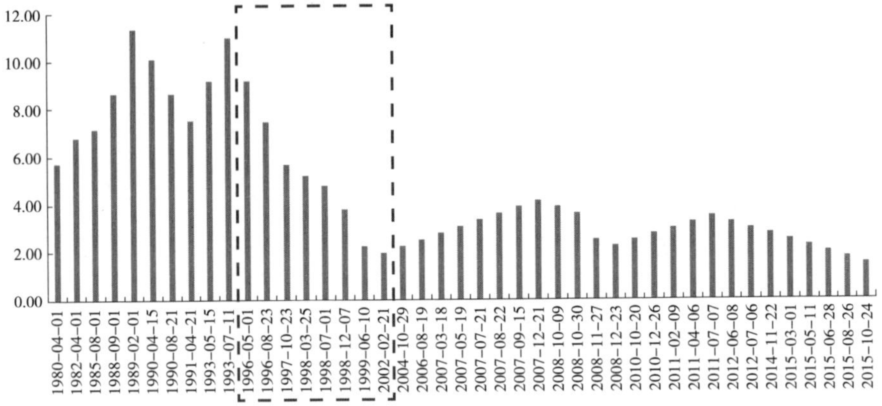

图 4　1980 年至今我国一年期定期存款基准利率调整情况 ①

1997 年 11 月，在第三次降息之后，作为当时保险业的监管部门，央行下发紧急通知，将人寿保险业务的保费预定利率上下限调整为年复利 4% 至 6.5%。到了 1998 年 11 月 18 日，中国保险监督管理委员会（以下简称“保监会”）成立，接替中国人民银行进行保险业监管。1999 年 6 月 10 日，保监会发布《关于调整寿险保单预定利率的紧急通知》（保监发〔1999〕93 号），将人身保险预定利率上限调整为不超过 2.5%，此后该调整延续了近 14 年，直到 2013 年 8 月，保监会又发布《关于普通型人身保险费率政策改革有关事项的通知》（保监发〔2013〕62 号），按照“放开前端、管住后端”的思路，放开了 2.5% 的上限，同时规定了普通型人身保险法定评估利率为 3.5%、长期 / 养老年金法定评估利率为 4.025%。

① 数据来源：Wind。

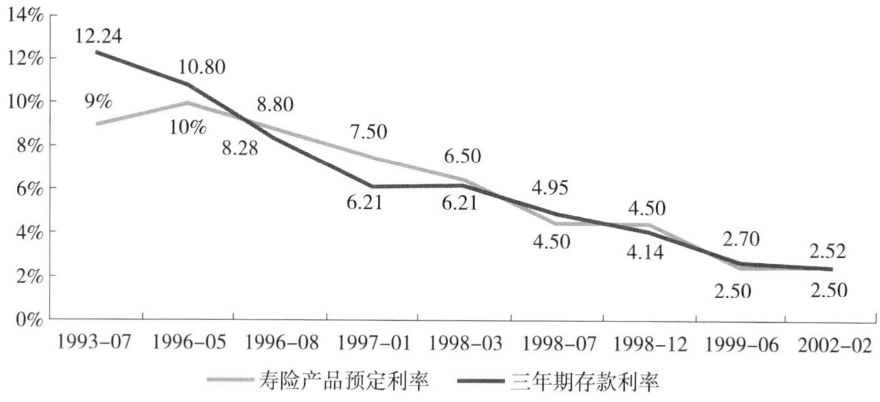

图 5　1993—2002 年三年期定期存款基准利率与寿险产品预定利率变动情况

在 1999 年，人身保险预定利率与存款利率基本持平，普通型人身保险销售难度陡然增加。定价的管制虽然防止了利差损增量的产生，但也限制了产品的竞争力。面对业务萎缩和利润率的不断下降，保险公司不得不开拓新的业务领域，积极借鉴国际产品开发经验寻求产品转型。随着投连保险、分红保险、万能保险的陆续推出，我国普通型、分红型、万能型和投连型的人身保险产品型态分类体系确立。

表 2　三种新型人身保险产品首次推出情况

推出时间	保险公司	产品类型	产品名称	产品影响
1999 年 10 月	中国平安	投连保险	平安世纪理财投资连结保险	推出后前 14 个月累计为收益率达 16.14%
2000 年 4 月	中国人寿	分红保险	国寿千禧理财两全保险（分红型）	掀起了保险公司开发分红保险产品的热潮
2000 年 8 月	太平洋保险	万能保险	太平盛世·长发两全保险（万能型）	以其缴费方便、保障灵活、投资保底等卖点，仅 4 个多月保费收入就达 5.3 亿元

新型产品摆脱了传统保单事先承诺现金价值的限制，使保险公司资本效率得到大幅提升，同时避免了传统保险的利差损风险，提高了保险经营的稳定性。此外，保险公司也能够更充分地展示其投资能力，为客户创造理想的投资收益。

（二）发展历程

1. 分红保险

（1）快速发展期

分红保险自 2000 年在我国诞生后，受益于其高演示利率和灵活性，成为保险公司主推险种，在寿险公司产品中占比快速上升。2002 年初，中国人寿推出国寿鸿泰两全分红保险，该产品以保本、免交利息税、红利回报上不封顶、提供死亡风险保障等卖点，迎合当时市场，使中国人寿 2002 年一季度保费收入同比上升 223%，在寿险市场份额由 2001 年末的 57% 迅速攀升至 68%，并在全国引发了贯穿全年的分红保险带动人身保险保费收入大幅度增长的局面。

2000 年左右，分红型重疾险占据市场主流。这类产品在原来保障重大疾病健康险的基础上又附加了分红功能，它不仅保障投保人重大疾病的理赔，还能根据保险公司的经营情况额外获得红利分配，是一种保障与增值功能兼备的新险种。自 2000 年推向市场后，分红型重疾险就被市场广泛追捧，成为各家寿险公司的主营产品。据统计，2002 年分红健康险就已经占据了人身保险 49.8%的市场份额。

然而，这类产品在销售过程中增值功能被夸大，掩盖了其保障功能。

2003 年 5 月 16 日保监会发布了《关于印发人身保险新型产品精算规定的通知》（保监发〔2003〕67 号），要求“分红保险可以采取终身寿险、两全保险或年金保险的形式。保险公司不得将其他产品形式设计为分红保险。”随后在不到一个月的时间里，保监会再度发出通知“各寿险公司正在销售的新型产品，不符合《精算规定》的，2003 年 10 月 1 日起停止销售”。分红健康保险在事实上被叫停。

对于停售分红型健康险，原保监会给出了四个理由：“一、健康保险风险大，管理复杂，加上分红的因素之后管理难度更大，不利于公司风险控制；二、健康保险主要的功能是保障，价值增值的功能不强，消费者购买健康保险应当着眼于其保障功能；三、停办分红健康保险，开发非分红健康保险有利于促进健康保险回归保障的本意；四、国外没有分红健康保险，中国的所有外资公司也没有开办分红健康保险。”

2007 年资本市场热潮中，收益与股市相关度更高的投连保险和万能保险受到热捧，尤其是投连保险大放异彩，此时分红保险则黯然失色。但 2008 年随着股市“牛”转“熊”，分红保险的稳健优势凸显，重新受到追捧，但分红保险收益率急速下降至 3.40%。从此，分红保险的占比出现行业性的大幅提升，当年分红保险在整个寿险行业的占有率历史性地超过半数，达到了 52%。到 2011 年，分红保险在寿险保费规模的占比达到 90% 以上，成为寿险绝对主力产品。分红保险快速增长并高位运行的同时，营销乱象也愈演愈烈，尤其在市场波动较为剧烈的时期，分红保险的实际收益率远不及保险营销人员演示的最高利率，这使得分红保险的投诉量激增，各大保险公司开始出现集中退保潮。

（2）规范发展期

2013年开始，监管机构开始推动人身保险费率市场化工作，将寿险保单的预定利率调整为不超过年复利2.5%。2015年9月，保监会印发《关于推进分红型人身保险费率政策改革有关事项的通知》（保监发〔2015〕93号），将分红保险预定利率指导上限调整为3.5%，超过3.5%的，需要报监管机构审批；保险公司用于分红保险利益演示的低、中、高档的利差水平分别不得高于0、4.5%减去产品预定利率、6%减去产品预定利率。在监管政策引导下，保险机构普遍上调分红保险预定利率，分红保险价格下降、利润空间收窄，持续十余年的分红保险热潮开始降温，分红保险占人身保险公司保费的比例开始下降。

表3　2013年至今分红保险的主要监管政策

时间	监管政策	对分红保险的影响
2013年	《中国保监会关于普通型人身保险费率政策改革有关事项的通知》（保监发〔2013〕62号）	分红型人身保险保单法定评估利率为2.5%
2015年	《中国保监会关于推进分红型人身保险费率政策改革有关事项的通知》（保监发〔2015〕93号）	对于开发的分红型人身保险产品预定利率不高于3.5%的报保监会备案；高于3.5%报保监会审批
2019年	《关于完善人身保险业责任准备金评估利率形成机制及调整责任准备金评估利率有关事项的通知》（银保监办发〔2019〕182号）	分红型人身保险责任准备金的评估利率上限为年复利3%和预定利率的较小者

2. 万能保险

（1）起步阶段

2000—2007 年是万能保险发展的起步阶段。此时万能保险是保费管制下的初步快速增长期。2003 年到 2007 年，万能保险保持了两位数以上的增长速度，并在 2007 年股市暴涨的推动下实现 113% 的增长。在 2008 年金融危机中，资本市场动荡同样造成以投资为主的万能保险迎来退保风波。2011 年，保险业开始实施新的会计准则，投连保险和万能保险中用于投资的缴费不再计入保费收入，使不少保险公司调整产品策略，降低投资型险种的工作力度，转而扩大传统保险和分红保险。

（2）激进扩张阶段

2012 年以来，原保监会陆续发布 13 项保险资金运用新政策，放开对不动产、股权、创业板、优先股等的投资，保险资金投资收益从 2012 年的 3.39% 提升至 2014 年的 6.3%，创 5 年最好水平，保险资金运用放开显著提升了保险公司投资收益率。叠加万能保险费率市场化改革，降低了保险公司定价限制，万能保险迎来新一轮崛起。2015 年，万能保险费改取消了最低保证利率不得超过 2.5% 的限制，最低保证利率由保险公司根据产品特性、风险程度自主确定。政策放松限制，以万能保险为代表的中短期存续产品引领保费增长。2012 年中国寿险保费不足万亿元，2016 年底，寿险规模保费已达 3.45 万亿元，以万能保险为主的“保户投资款新增缴费”五年累积超过 2.5 万亿元，万能保险在寿险保费收入中的占比逐渐提高，从 2013 年的 23%，迅速增长至 2016 年的 34%。以安邦人寿、华夏人寿和前海人寿为代表的“资产驱动负债”中小保险公司，通过利用万能险的特点，开发“短期理财产品”型的高现价策略型万能险加以采取激进的投资策略，使险资举牌等争议事件和资产负债久期错配等问题浮出水面。

（3）产品回归保障本源阶段

“宝万之争”引发市场对利用万能保险带来的保险资金在二级市场举牌行为的争议，监管机构对万能保险产品进行严监管，对“资产驱动负债”型险企、产品进行规范。2016 年 3 月 18 日，保监会发布《关于规范中短存续期人身保险产品有关事项的通知》（保监发〔2016〕22 号）。《通知》将“高现价产品”的提法修改为“中短存续期产品”，并对不同存续期限的中短存续期产品的销售做出不同限制。2016 年 9 月 6 日，保监会印发了《关于强化人身保险产品监管工作的通知》和《关于进一步完善人身保险精算制度有关事项的通知》，提到“强制降低万能险保证利率与结算利率。下调万能险责任准备金评估利率至 3%，最低保证利率不得高于评估利率上限”。在严监管下，各个保险公司的万能保险结算利率在 2016 年下半年出现了回落，负债成本开始下降。

2017 年 5 月，《中国保监会关于规范人身保险公司产品开发设计行为的通知》（保监人身保险〔2017〕134 号）出台，明确禁止万能保险、投连保险以附加险形式存在，要求保险产品都要回归传统的设计理念，明确寿险产品降低投资性质，回归保障的本职。万能保险上涨势头被终止，占比被分红保险、传统寿险反超。2019 年保户投资款新增交费（以万能保险保费为主）增速同比下降 34.77%。万能保险占比有所下降，上涨势头被终止，而分红保险、传统寿险仍然保持较大比例。2019 年万能保险、分红保险、传统寿险占比分别为27%、39%、32%，且万能保险占比较2018年下降1%，万能保险市场进入一个衰退期。

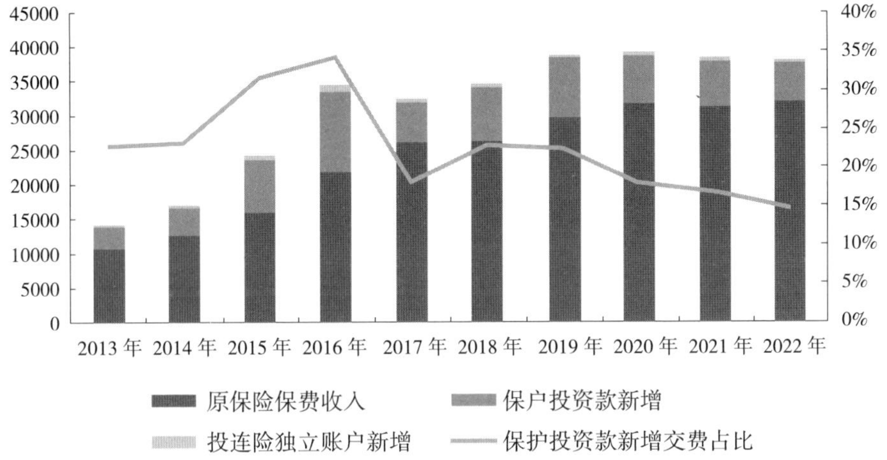

图6　2013—2022年寿险规模保费构成及万能保险保费占比趋势（单位：万元）[①]

2021年银保监会发布《万能型人身保险管理办法（征求意见稿）》（以下简称《办法》），对万能保险的保险期限、账户投资收益的计算以及销售人员的资质都提出了新的要求。《办法》提出，万能保险的保险期限不得低于5年。鼓励保险公司开发保险期限20年及以上的万能保险，结合附加重大疾病保险、附加意外伤害保险等方式，进一步提高万能保险风险保障水平。此外，要求保险公司应当合理确定万能保险单独账户所投资资产的期限，加强万能保险单独账户流动性管理，以有效地避免“短钱长配”或“长钱短配”的流动性风险。《办法》的出台将对万能保险的经营管理行为进行全方位、系统性规范，有利于万能保险市场的合理竞争、有序发展。

① 数据来源：国家金融监督管理总局网站。

3. 投连保险

1999年国内首款投连保险面市，这意味着我国保险和证券这两大金融市场之间建立起了有机联系，也使得保险公司的投资渠道拓宽，尤其是在降息环境中可有效化解利差损的压力。根据原保监会统计，2001年投连保险产品的保费收入高达106.62亿元，同比增长542.26%，占到了人身保险总保费收入的16.5%。投连保险产品成为众多消费者的首选寿险产品。

由于我国投连保险的发展呈现出与股票市场高度相关的特征，其最大的风险来源于市场波动，亏损主要由投资者承担，因此这类产品只适合风险承担能力较大的投保人。然而，当时一些保险公司为了追逐规模增长，在营销宣传中夸大投资收益，忽视投资风险，将投连保险卖给风险承受能力较低的人群。以“抢规模”为主的策略使得不少公司通过承诺收益率的方式推销投连保险，有的甚至和“基金”做比较，这直接为退保埋下了伏笔。

2001年开始，受股市低迷因素影响叠加保险公司营销不规范向客户承诺难以兑现的高收益，投连保险面对高退保、保费下降的境况，不少保险公司相继停售了投连险。以平安保险为例，2001年，平安投连保险收入占寿险业务的24.06%，而2002、2003、2004年，其占比则分别为12.30%、9.61%和8.00%。2002年全国投连保险个人业务保费收入仅57.7亿元，比2001年下降了38%。2003年保监会制定了新型人身保险产品精算规定，对于投连保险产品准备金的提取等做了一系列明确的界定。一些保险公司相继开发了第二代投连保险，但由于资本市场不景气，并未有起色。

2005年，随着偏重投资债券的账户扭亏为盈，投连保险慢慢走出低迷期。2006年至2007年，A股市场行情爆发，投连保险随之快速发展，保监会批复的投连保险账户达到130余个，拥有投连保险账户的寿险公司达到21家。2007年，有的投连保险激进账户收益率达到了90%以上。部分保险公司的投连保险保费收入同比增长了4倍，部分省市或公司的投连保险保费份额甚至超过分红保险保费份额。投连保险一举成为当地或该公司保费收入的主要来源。

2008年，资本市场形势急转直下，该形势将投连险拉入收益谷底。在2008年全国保险工作会议上，保监会主席吴定富对2007年各公司一窝蜂而上的“明星险种”投连保险直接点名：“高收益具有偶然性”，“在资本市场水涨船高的情况下，大量保险公司盲目跟风，极力推动发展理财型产品，为增加保费到股市淘金，重点放在了赚取保费”，“一旦资本市场出现风险，将惨不忍睹。资本市场一旦不能延续上涨，理财型产品就难以为继，将引发退保，出现流动性风险”。话音未落，市场风云突变。2008年的12月10日，上证指数已回落至2031.68点，跌幅达到60.10%。资本市场的颓势也彻底将投连保险拉入收益谷底，其中激进型和平衡配置型等与股票市场资本关联度较高的账户全部呈现亏损；而作为投连保险账户中避险能力最强的稳健型账户，收益率也较上年同期大幅缩水，大多仅1%—3%的正收益，个别甚至出现超过17%的亏损。2008年底，部分保险公司及银行停售投连保险，而这一次又引发了退保潮。

2015年，股市迎来强势行情，使得与之高度关联的投连保险业绩也一路高歌猛进。华宝证券可获取数据的相关投资账户总体平均回报率分别为2.24%、2.96%、7.96%和7.28%。从5月单月来看，投连保险更是达到了自2010年以来的最高点，平均收益率为8.71%。

近年来，我国金融市场上理财产品蓬勃发展，但投连保险规模增长持续缓慢，其重要原因是缺乏创新。在销售模式和投资模式上，投连保险缺乏革命性的改变；在购买手段方面，投连保险不如互联网渠道的理财产品方便快捷；在信息披露方面，投连保险不如基金类金融产品透明；在投资收益方面，投连保险又远不如信托和基金。

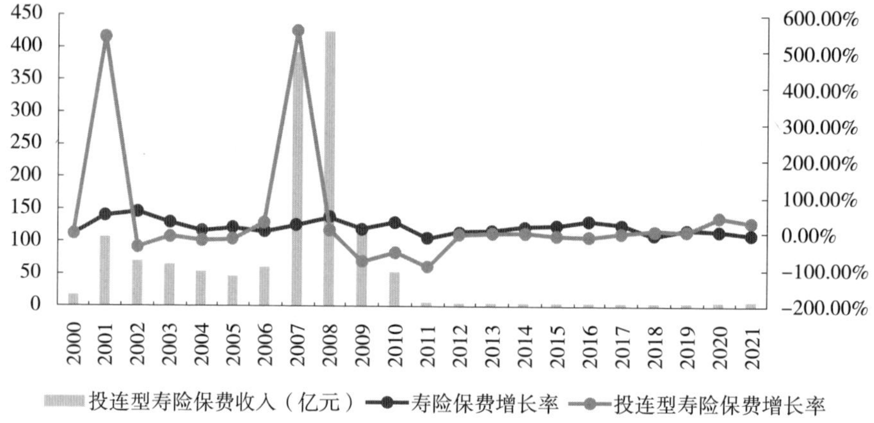

图 7　2000—2021 年投连保险保费收入及增长率①

三、新型人身保险产品前景分析

（一）总体判断：新型人身保险有望引领寿险增长

从寿险业整体看，最近几年的寿险新单保费连续负增长，使得市场开始重新思考寿险行业在中国的长期发展空间。在寿险行业“规模扩张型”周期的后半段，经营模式由规模扩张转向效率提升，并非是寿险需求的消

① 数据来源：中国保险年鉴。

失。瑞再、世界银行对全世界 34 个国家 1999—2021 年的数据分析显示，当人均 GDP（美元，不变价，2015 年）超过 1 万美元的时候，寿险保险深度进入快速提升阶段。人均 GDP 从 1 万美元上升到 3 万美元，寿险的保险深度会从 2% 左右上升至 6% 左右；也就是说这一阶段寿险保费增长速度超过了 GDP 增长速度，寿险呈现出加速发展态势。当居民富裕之后，增加寿险保障以保护人力资本是历史的大趋势，中国的消费者也不例外。我国于 2019 年国内人均 GDP 首次突破 1 万美元，可以合理推断只要中国的经济继续发展，消费者就会购买越来越多的保险保障。

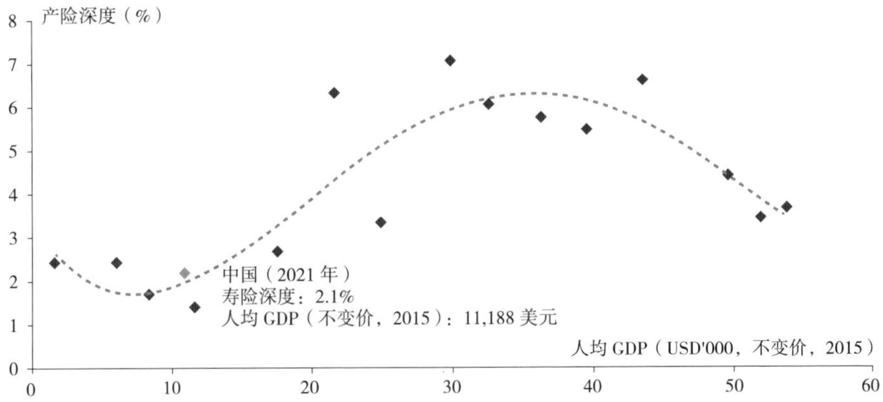

图 8　寿险深度与人均 GDP[①]

此外，个人财富的持续积累、保险意识的不断提升以及人口老龄化趋势推动了中国寿险和健康险市场的高速增长。经济活动持续数字化的趋势，将为创新型产品带来巨大的增长机遇。我国经济韧性强、潜力大、活力足，长期稳健增长值得期待，行业高质量发展迎来有利外部环境。积极

① 华泰证券，《保险业开启效率竞争新周期》。

应对人口老龄化国家战略、健康中国战略不断深入，人身保险业务空间正被打开。保险科技深度赋能，经营管理链条的数字化、智能化大幅提升，行业内生动力强劲。行业监管持续推动回归本源、规范市场、防范风险，围绕产品、市场、队伍等出台系列新规，监管理念、监管手段不断升级，保险市场运行的规范性也将进一步提升。安联集团发布的《2023年安联全球保险业发展报告》预计未来十年中国保费收入年均增长率约为8.1%，到2033年，中国保险市场规模将达到1.486万亿欧元；其中，中国寿险业务依然是最大细分业务板块，预计可达到7060亿欧元。

从新型人身保险的发展看，近年来低利率环境延续，叠加居民风险偏好逐步下行，传统保险业务对总保费贡献不断提升，新型产品贡献不断下滑。从险种看，人身保险公司险种结构持续调整，2022年人身保险公司普通寿险实现原保险保费收入17237.80亿元，同比增长15.38%，连续4年保持两位数以上增速，占比超过人身保险公司保费的50%，普通寿险对行业增长的贡献率为114.71%；分红寿险实现原保险保费收入9096.36亿元，同比下降12.82%，连续三年负增长，且降幅不断扩大。2022年中国人身保险业务保费收入34297亿元，其中普通寿险占据主流达到26434亿元，总保费收入占比达50.26%，分红保险、投连保险、万能保险三种新型产品总保费收入9196亿元，占据总保费收入的26.8%，即使加上寿险公司保户投资款新增交费和投连保险独立账户新增交费合计5845亿元，传统保险仍是主流。但从国外寿险的发展历程来看，寿险市场呈现从保障型产品为主向理财型产品为主的发展趋势。在我国，随着消费者对金融资产投资和配置需求的增加，在“保险姓保，回归保障”的基础上，新型人身保险凭借其兼容保障和理财功能的产品独特性，中长期看有望引领寿险业开辟新的增长曲线。

（二）未来趋势：分红保险或成为新型人身保险主推险种

从监管角度看，寿险费率改革历程上每一次的预定利率下调几乎都呼应了市场利率下行的趋势，主要目的是为了规范人身保险市场秩序，通过引导人身保险公司降低负债成本、提高负债质量推动人身保险行业高质量发展。分红保险以较低的预定利率，由保险公司与客户共担投资风险，有利于全行业规避利差风险，从而促进行业健康发展。从防范系统性风险的角度分析，理财类产品打破刚兑是我国前几年去杠杆、实现风险出清的重要手段。对于保险市场而言，金融监管部门作为最后的“托底方”，对于利差风险有天然的管理需要。因此，分红保险“浮动收益”的特点很好适应了监管对保险公司经营管理的引导趋势，在进一步得到监管政策规范的背景下，有望引导其实现良性健康发展。

从保险公司的角度看，分红保险是世界各国寿险公司规避利率风险，保证自身稳健经营的有效手段。相对于传统保障型的寿险保单，分红保单向保单持有人提供的是非保障的保险利益，红利的分配还会影响保险公司的负债水平、投资策略以及偿付能力。利率下行的背景下把纯保证收益的传统型产品变成分红保险，实现风险共担、收益共享，这样，资产配置压力会变小，偿付能力压力也会降低，利润压力也有缓释作用。

从保险消费者的角度看，近年来，房地产、股票市场等投资渠道在我国表现一般，随着国内保险市场的成熟规范，在满足保障型产品的需求基础上，分红保险兼顾保障和收益的特点有望得到消费者的青睐，尤其是2023年以来，股票市场低迷、房地产投资不景气，分红保险的红利实现率有望得到消费者关注。《一年期以上人身保险产品信息披露规则》要求保险公司应当于每年分红方案宣告后15个工作日内，在公司官方网站上披露该分红期间下各分红型保险产品的红利实现率。截至2023年7月的市场公开数据显示，超20家保险公司公布了近600款分红保险产品的红利实现率，其中大部分产品的红利实现率达到了100%，高的可达到363%。这些披露一方面增强了分红保险对消费者的吸引力，另一方面也增强了产品收益的真实性和透明度，深化产品信息披露的广度和深度，有助于提高消费者对保险产品的认知，更为理性选择保险产品，同时规范保险产品销售行为，打击虚假宣传等销售误导。

此外，从其他市场的先进经验看，创新驱动在分红保险的市场发展上表现出较为明显的增长潜力，我国分红保险的发展仍然有不可忽视的后发优势。例如，香港地区的分红保险凭借其多元化的产品功能和持续更新迭代，受到内地消费者的欢迎。近年香港保险市场上出现一种具有“无限次”更改被保人功能的分红保险。传统的分红保险无法更换被保险人，因此该类保单在被保险人身故时潜在收益也随之结束。而具有“无限次”更改被保人功能的香港分红保险可以让保单在新的受保人的年龄的基础上永续累计保单价值，之前累积的保单价值以新的受保人的年龄继续复利从而使得分红保险的复利累积功能提升到新的高度。因此，保险消费者不是对分红保险缺乏偏好，而是在分红保险市场上没有找到足够“吸睛”的创新产品。在符合监管要求的前提下，未来满足我国人民日益增长的美好生活需要的创新型分红保险产品问世，将有望为分红保险市场带来新的增长。

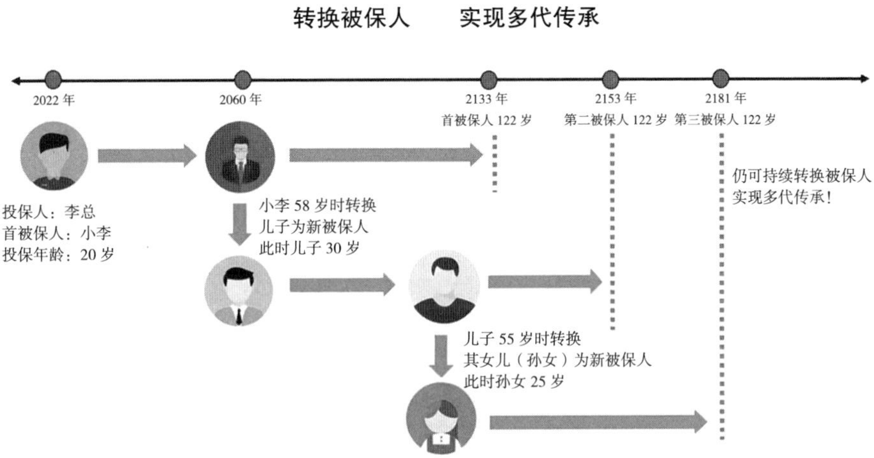

图 9　香港分红保险的创新案例演示

（三）分红保险未来发展潜在挑战分析

1. 高质量发展要求下信息披露要求更高

2023 年 1 月 4 日，银保监会发布《关于印发一年期以上人身保险产品信息披露规则的通知》（银保监规〔2022〕24 号）（以下简称《规则》），并于 2023 年 6 月 30 日起正式施行。《规则》明确要求一年期以上人身保险产品均应制定产品说明书，对产品相关内容及分红实现率指标进行详细披露，此外，还取消了保险公司高、中、低三档演示利率表述，调整分红型保险、万能型保险为两档演示。保险公司对分红型保险产品演示保单利益时，需采用保证利益演示和红利利益演示两档演示产品未来的利益给付；保险公司对万能型保险产品演示保单利益时，需采用最低保证利益演示和万能结息利益演示两档演示产品未来的利益给付。《规则》的实施将引导消费者更为理性地选择保险产品，同时规范保险产品销售行为，打击虚假宣传等销售误导，预计短期会降低理财型保险产品的销售，造成一定的负面冲击。但从中长期看，演示利率上限与市场利率长期走低的趋势保持一致，有助于在一定程度上缓解保险公司利差损风险，助力保险公司规范健康发展。

表 4 《一年期以上人身保险产品信息披露规则》中三款产品演示利率要求

产品类型	演示利率要求
分红保险	采用保证利益演示和红利利益演示两档演示； 用于利益演示的利差水平分别不得高于 0、4.5% 减去产品预定利率
万能保险	采用最低保证利益演示和万能结息利益演示两档演示产品未来的利益给付； 用于利益演示的假设结算利率分别不得高于最低保证利率和 4%
投连保险	采用乐观、中性、不利三档情景演示产品未来的利益给付； 用于利益演示的假设投资回报率分别不得高于 6%、3.5% 和 1%

2. 分红保险透明度不及其他新型险种

分红保险产品形态与普通寿险相比更为复杂，既有保险又有投资，且保险公司对投资端的收益分配具有绝对话语权，另外，对消费者而言这类保险存在一定的信息不对称，且部分消费者缺乏正确的保险知识，风险意识淡薄，对于包含投资的新型保险产品通常会有投机心理。因此，一旦分红收益不及预期或低于红利演示数额，很可能引发群体性投诉或退保，从而影响保险市场的稳定性。

3. 分红保险三大收益来源面临不确定性

分红保险当前三大收益来源均面临一定程度挑战。利差益方面，在利率水平长期低位运行、权益市场波动较大、企业信用风险上行等因素影响下，保险企业投资收益水平可能下降。死差益方面，我国逐渐迈入长寿时代，影响死差益收益。费差异方面，代理人数量持续下滑，影响高利润产品销售，费差异空间收窄。三差同时承压的情况下，分红保险收益可能出现较大波动，对保险公司经营能力提出了较高要求。

4. 分红保险对渠道销售专业性要求更高

在寿险业发展早期阶段，“人海战术”是保险销售渠道的重要打法。近年来，伴随着国内人口红利消退、保险客户不断迁徙，行业渠道结构发展产生深刻变化。分红保险相比于传统寿险，在演示利率、分红模式等方面对渠道销售和代理人的专业性要求更高，需要代理人队伍不断提升质态并进行渠道改革。

四、结论

自 1980 年我国恢复保险业起，我国寿险业产品从保障程度低的简易人身保险逐渐拓展为保障程度更高、功能定位更为丰富、价格相对合理的丰富产品体系。长期来看，经济从高速增长阶段进入高质量发展阶段对寿险的助力虽稍许减少，但供给侧改革深化的同时寿险业不断推进转型升级与结构优化，积蓄了深层发展潜力，我国新型人身保险仍处于重要战略机遇期，高质量发展成为未来各类新型人身保险产品发展的主旋律。展望未来，新型人身保险可通过如下途径进一步实现创新与发展。

（一）加强产品创新

新型人身保险的高质量发展既要求保险产品回归保障本源，也要求增强产品创新，精准化提供保障。一方面，社会的变化让风险的演进规律产生了深刻的调整，消费者规避风险的丰富需求使得保险产品的创新势在必行；另一方面，保险公司高质量经营发展的行业要求使得风险管控能力得到前所未有的提升，保险产品创新也具备了行动的基础。创新促使新型保险产品得以解构重生，既能够精准识别可保风险，推动保险进一步回归保障本源，也能够满足消费者在理财、投资、税务管理等方面的个性化需求，不断拓展新型人身保险的功能边界。

（二）拓展增值服务

人身保险独特的行业属性使人口老龄化背景下消费者对人身保险产品的服务水平提出了更高的要求。新型人身保险产品可借助自身灵活、新颖的产品特点，探索拓展保险生态的优化升级，为消费者打造全场景的增值服务体验从而深度融合金融产品的收益性与保险产品的服务性，形成不同于股票、基金、银行理财等金融产品的独特比较优势。

（三）发力精准营销

近年来受外部环境变化，代理人展业活动以及消费者购买保险的意愿均受到影响，保险代理人面临发展挑战，传统营销模式活力降低，开发新模式成为机构营销重点。对于新型人身保险产品而言，其灵活、多元、更新较快的特点天然要求在保险营销时要有高质量的信息交互及透明度。因此，未来新型人身保险产品发展的一大关键就是通过精准营销的方式促进产品销售的提质增效，综合盘活公域流量和沉淀私域流量，通过丰富精准的手段有效触达客户，精细化运营塑造品牌形象，进而实现产品销售的突破。

（四）拥抱科技手段

云计算、大数据、人工智能、区块链等关键技术的日益成熟为保险行业各环节价值链的重塑带来机遇。对于新型人身保险产品而言，保险科技在风险定价、定制化产品开发及保险营销环节的深度应用有望帮助保险企业提升风控能力和效率以及改善用户体验，从而在产品发展与科技应用的相互正向反馈中进一步推进新型人身保险产品不断丰富完善，推动我国寿险业的可持续和高质量发展。

参考资料

[1] 沃保网. 万能险的发展史 [EB/OL]. 2015-12-29. https://news.vobao.com/article/838203596341223134.shtml.

[2] 全景网. 投连险十年之殇 [EB/OL]. 2009-5-7. http://www.p5w.net/money/bxlc/bxzx/200905/t2332187.htm.

[3] 慧保天下. 人身险 3.0% 时代：增额终身寿之后，行业还能卖什么 [EB/OL]. 2023-7-14. https://mp.weixin.qq.com/s/3s28GK4Nz1uEH8qKkGXlCA.

［4］海通证券. 以史为鉴，可知兴替——保险复盘系列之二［R］. 2019.

［5］海通国际. 风传花信，雨濯春尘——中国人身险产品变迁史与未来展望［R］. 2022.

［6］东吴证券. 定价利率下调后新型产品能否扛起销售大旗——来自海外经验与本土环境的综合分析［R］. 2023.

后　　记

2022年是多重考验叠加的一年，中国保险业呈现强大韧性，积极应对挑战，继续向高质量发展转型。当前，我国已进入全面建设社会主义现代化国家的新发展阶段，该阶段对保险业提出了更新、更高的要求，建设现代化保险体系成为中国保险业新的时代命题。在这个背景下，积极探索中国式现代化建设中保险业的发展规律至关重要。

作为中国财富传媒集团旗下的专业互联网金融信息综合服务平台，中国财富网一直致力于推动中国保险业的持续健康发展。自2018年起我们就保持对保险业的高度关注，坚持每月发布保险产品榜单，每年联合多家单位发布《中国人身保险产品研究报告》。同时，我们也积极关注监管政策的升级和变化，及时向市场反馈并呼吁保险公司保证消费者的合法权益和满足消费者多样化的保障需求。

《2023中国人身保险产品研究报告》是我们发布的第六本同系列报告，此报告延续往年报告的框架，包含一个总报告、六个分报告和四个专题报告，共覆盖定寿、终寿、重疾、年金、万能、中端医疗等六类人身保险险种，通过标准化、规范化的数据处理，对市场上的人身保险产品进行深入的调研和分析，帮助消费者有效甄别保险产品，同时助力险企更好地追踪市场动态。六年来，报告持续跟踪市场上保险产品的发展变革，用实际行动做好中国人身保险产品市场发展忠实的见证者与记录者。

最后，感谢所有参与该项目的同人的辛勤付出和专业精神，也感谢广大读者的关注和支持。未来仍然充满着挑战与机遇，我们将继续坚持“以人民为中心”的发展思想，秉承全面、客观、公正的基本原则，聚焦保险行业最前沿的市场动态，紧跟监管政策变化，推动保险知识的普及和消费者风险保障意识的提升，为保险企业和广大消费者搭建起更广阔的交流平台，为保险业的高质量发展贡献微薄之力。

中国财富网

2023 年 12 月